国际儒学联合会资助出版

中华文化
新读

春秋十日谈

刘勋 著

四川人民出版社

图书在版编目（CIP）数据

春秋十日谈 / 刘勋著. —— 成都：四川人民出版社，2023.4
ISBN 978-7-220-13168-4

Ⅰ.①春… Ⅱ.①刘… Ⅲ.①中国历史 – 研究 – 春秋时代 Ⅳ.①K225.07

中国国家版本馆CIP数据核字（2023）第044148号

CHUNQIU SHIRI TAN
春秋十日谈

刘勋　著

出 版 人	黄立新
责任编辑	王其进　晓　风
特约编辑	黄　昕
封面设计	蔡立国
内文设计	毕梦博
内文排版	吴　磊
责任印制	祝　健
出版发行	四川人民出版社（成都市三色路238号）
网　　址	http://www.scpph.com
E-mail	scrmcbs@sina.com
新浪微博	@四川人民出版社
微信公众号	四川人民出版社
发行部业务电话	（028）86361653　86361656
防盗版举报电话	（028）86361653
印　　刷	成都国图广告印务有限公司
成品尺寸	130mm×200mm
印　　张	9.75
字　　数	160千
版　　次	2023年4月第1版
印　　次	2023年4月第1次印刷
书　　号	ISBN 978-7-220-13168-4
定　　价	68.00元

图书策划：■ 活字文化

■版权所有·侵权必究
本书若出现印装质量问题，请与我社发行部联系调换
电话：（028）86361656

目录

前言   I

【甲子】
天作之合：《左传》开篇的谎言和真相   1

《左传》开篇：姻缘天注定，鲁侯再娶妻   3
效法周公：鲁隐公的摄政与遇害   5
《史记》异说：哪有天注定，就是抢儿媳   10
《左传》蹊跷之处之一：春秋贵族圈的夺妻事件   12
《左传》蹊跷之处之二：鲁宋关系的跌宕起伏   17
重构"鲁惠公再娶夫人"事件   19
简评鲁隐公：观过，斯知仁矣   24

【乙丑】
齐女文姜：中国首位女外交家的跌宕人生   27

齐女嫁鲁，姻亲相争   29
旧情复炽，鲁桓横死   31
文姜摄政，对齐亲善   34

文姜强势，鲁庄隐忍 41
文姜退隐，鲁庄奋起 46
文姜复出，齐鲁联姻 49
救赎 vs 内应，动机成谜 51

【丙寅】
鲁士曹刿：从民间奇才到庙堂肉食者 53

长勺之战的真实背景 55
奇才曹刿的洗脑话术 57
军师曹刿的制胜诈谋 62
曹刿的军事和政治理论水平 65
"曹氏战法"的冰火两重天 74
刺客曹刿的无耻勒索 76
曹刿终成"肉食者" 78

【丁卯】
狂人宋襄：信天追梦的商王后裔 81

宋襄公"闪亮登场" 83
齐桓公"悬崖勒马" 85
商周时期的"天命"信仰 87

模范诸侯的"画风"突变	93
匪夷所思的称霸闹剧	97
顺应天命,复古兴商	101
"我有一个梦想"	106

【戊辰】
装神弄鬼:公子重耳夺权大业的"第二战场" 111

晋惠公即位后的晋国政局	113
第一波攻击:批判晋惠公	115
第二波攻击:搞臭"太子申生改葬"	116
第三波攻击:炮制"太子申生显灵"	120
第四波攻击:抹黑晋怀公	124
"敌后第二战场"功臣的结局	128

【己巳】
顾全大局:晋国首届六卿领导班子的酝酿过程 131

晋楚决战在即,晋国决定成立首届六卿班子	133
狐偃屈居第四,赵衰拒绝君命一让到底	139
老臣顾全大局,引导君主构建和谐卿班	144
谦退积蓄德望,赵衰以退为进终成卿官	152

【庚午】
智取州县：大国博弈背后的跨国资产运作　　　157

和谐的表象：一次增进晋郑友好的土地赏赐　　　159
第一层内幕：大国"文斗"与代理人之争　　　160
第二层内幕：晋国三大卿族围绕州县的博弈　　　163
韩宣子资产运作第一步：将州县转移到"自己人"手中　　　167
韩宣子资产运作第二步：将赐地转变为"土地占有额度"　　　168
红海 vs 蓝海：六大家族的地缘发展战略抉择　　　173

【辛未】
四国大火：星象解读背后的跨国纵火行动　　　181

前奏：上天垂象，火灾预言四起　　　183
爆发：四国大火，子产强势应对　　　187
背景：人道渐兴，占星术日薄西山　　　192
分析（一）：四国大火是人为纵火　　　197
分析（二）：纵火行动有高层介入　　　200
分析（三）：纵火行动的动机和酝酿过程　　　205
分析（四）：子产的认识过程和应对策略　　　207
拼图：四国大火的来龙去脉　　　209
串并：郑国的两起恐怖主义事件　　　212

【壬申】
高明柔克：痛骂追杀背后的贵族教子之道　217

劈头盖脸：郑国正卿怒骂"博出位"儿子　219
急踩刹车：子国怒骂子产的原因分析　221
暴打追杀：晋卿范氏世代相传的教子方法　227
下手为何这么狠？放任后果很严重　230
高明柔克：贵族高官这样调教继承人　233

【癸酉】
营建章华：大兴土木背后的楚王天下雄心　237

营建章华宫：大兴土木，收容亡人，备受诟病　240
收容亡人新解：招揽体制外人才以共图伟业　248
营建章华新解：建设乾溪新都邑的楚王宫殿　252
迁都乾溪：反转战局，摆脱束缚，建设东都　263
功亏一篑：楚灵王的失败和乾溪东都的结局　275
前仆后继：与楚灵王迁都"押韵"的历代君王迁都事件　283

【参考文献】　289

前　言

《春秋十日谈》是以"新读"春秋政治史为主题的一本小书。书名借鉴了薄伽丘《十日谈》的概念❶，实际上就是十篇重新分析阐释春秋政治事件／人物的"学术演义"❷。因为写的是先秦时期的历史，所以这十日当然应该用干支纪日法，所以就有了从甲子日到癸

---

❶ 了解《十日谈》的读者朋友马上就会指出，笔者这个借鉴是不准确的，因为《十日谈》是一天讲十个故事，十天讲了一百个故事。至于《春秋十日谈》，读者不妨一天读一篇，正好十天读完。

❷ 笔者之所以把这十篇文章称为"学术演义"，是因为从形式上说，它们既不是普及历史读物里常见的"通俗演义"，也不是正规学术期刊上常见的"学术研究"：

首先，从如何对待历史事件／人物的复杂性这个角度来说，学术演义不像通俗演义那样将复杂史事简单化、王侯将相平民化，也不像学术研究那样通过术语堆砌和繁琐论证使得原本就复杂的事件／人物更为复杂，而是在不降低复杂度的基础上尽量追求文字表达的明白晓畅。

其次，从如何讲述历史事件／人物的故事这个角度来说，学术演义不像通俗演义那样主要通过用白话文复述文献和文学想象虚构情节来讲故事，也不像学术研究那样主要通过"有一分材料说一分话"的学术考证来讲故事，而是在文献合理可信的情况下通过用白话文复述文献来讲故事，在文献存在矛盾时通过学术考证来讲故事，在缺乏文献的时候运用合理想象来讲故事，目的只有一个，即在文献材料并不完整的情况下重构一个尽可能完整而合理的事件／人物真相。

酉日的排列，正好十天干排了一轮。

从内容来说，这十篇文章的共同点就是"剖析与重构"，也就是深入剖析传世文献和新出土文献对某个政治事件／人物的记载，在此基础上试图重新构建由于记载缺失而残破不全，或是由于政治原因被掩盖篡改的内幕真相。用孔子的话来做个比拟，"剖析"就是"温故"，"重构"就是"知新"。具体说来：

第一篇《天作之合》，剖析《左传》和《史记》中关于鲁惠公晚年再娶夫人事件截然不同的记载，在此基础上重构鲁惠公强夺儿媳、鲁隐公摄政为君的内幕真相。

第二篇《齐女文姜》，剖析《春秋》《左传》中关于鲁庄公夫人文姜在守寡期间不寻常的政治作为的记载，在此基础上重构中国首位女外交家的传奇人生。

第三篇《鲁士曹刿》，剖析《左传》中关于齐鲁长勺之战的记载，以及出土文献《曹沫之陈》中关于曹刿政治军事思想的记载，在此基础上重构曹刿从民间奇才到庙堂肉食者的转变历程。

第四篇《狂人宋襄》，剖析《左传》中关于宋襄公从模范诸侯转变为称霸狂人的记载，在此基础上重构宋襄公"顺应天命，复古兴商"的称霸理念和争霸实践。

第五篇《装神弄鬼》，剖析《左传》《国语》中关于晋惠公时期灵异事件的记载，在此基础上重构公子重耳党羽通过装神弄鬼发动舆论战来为主公归国夺权造势的内幕真相。

第六篇《顾全大局》，剖析《左传》《国语》中关于晋国首届六卿领导班子酝酿过程的记载，在此基础上重构晋文公重臣狐偃、赵衰为服务争霸决战大局而精心谋划和操纵此次班子任命的内幕真相。

第七篇《智取州县》，剖析《左传》中关于晋平公赏赐州县给郑国卿官伯石，以及郑国执政卿子产将州县归还给晋国的相关记载，在此基础上重构晋国卿官韩宣子利用晋楚两大国争夺郑国的国际形势来进行跨国资产运作的内幕真相。

第八篇《四国大火》，剖析《左传》《穀梁传》中关于宋、卫、陈、郑四国都城大火事件的记载，在此基础上重构多国占星家和卿大夫联合制造跨国纵火行动的内幕真相。

第九篇《高明柔克》，剖析《左传》《国语》中关于郑、晋等国卿官运用痛骂、暴打，甚至追杀等激烈手段管教家族继承人的记载，重构春秋时期贵族高官的教子之道。

第十篇《营建章华》，剖析传世文献《左传》《国语》《史记》以及出土文献《楚居》中关于楚灵王营建章华宫的记载，重构楚灵王打破"上国本位"传统在东国地区营建乾溪东都的内幕真相。

从发生时间来看，这十篇故事既有春秋早期的鲁惠公再娶夫人，也有春秋中期的公子重耳归国夺权，还有春秋晚期的四国都城大火。从涉及国家来看，这十篇故事既涵盖了春秋时期国际舞台上的主角——超级大国晋国、楚国，也涵盖了重要配角——中原列国鲁国、郑国。从涉及政治事件类型来看，这十篇故事既有"国际"层面的宋襄公称霸，又有"国内"层面的楚灵王迁都，还有"家内"层面的郑子国教子；既有常见的诸侯争霸、卿族博弈，又有罕见的夫人摄政、跨国恐袭。

总而言之，《春秋十日谈》是一个就整体而言有一定广度、就每篇文章而言又有一定深度的"春秋政治史精选拼盘"。通过"新读"这十个春秋历史事件／人物，笔者希望能够帮助读者朋友全面了解春秋时期国际政治和国内政治的各种场景，细致体会春秋时期政治和当今政治之间千丝万缕的关联，从而具体、生动地理解"春秋"这个中华文明的轴心时代。本书还附赠了一枚书签，扫描二维码即可看到笔者绘制的示意图，方便读者朋友了解书中地名的大致方位。预祝阅读愉快！

【甲子】

天作之合：《左传》开篇的谎言和真相

《左传》开篇：
姻缘天注定，鲁侯再娶妻

儒家经典《春秋左传》一开篇，讲述的是鲁国❶君主鲁惠公晚年一段"天作之合"的姻缘：

鲁惠公（前768年—前723年在位，共46年）的元配嫡夫人是某位宋国❷君主的大女儿孟子❸。孟子没有生下嫡子就去世了，和她一同来到鲁国的陪嫁女声子做了"继室"，声子应该是孟子的侄女或者妹妹。所谓"继室"，就是声子住进孟子的宫室，接替孟子服侍鲁惠公、管理后宫，但是她的身份仍然是妾，生的孩子是庶子而不是嫡子。后来，声子生下了庶长子公子息姑。

如果没有其他变故的话，鲁惠公去世后，庶长子公子息姑将会成为下一任国君，而元配嫡夫人孟子的牌位会进入鲁惠公庙，陪伴在鲁惠公牌位身旁。诸侯国君不再娶嫡夫人，元配嫡夫人去世后以陪嫁侄女／妹妹为继室，没有嫡子则由庶长子继承君位，这都是符合周礼的做法。

---

❶ 鲁见图1、图3、图4、图5。扫书签二维码可查看示意图，下同。
❷ 宋见图1、图3、图4、图5。
❸ 这里的"孟"是子女排行（孟／伯、仲、叔、季），"子"是母家姓（宋国公室是子姓）。

【甲子】天作之合：《左传》开篇的谎言和真相

然而，就在距离去世没有几年的时候，年龄已经接近六十岁的鲁惠公干了一件违背"诸侯不再娶嫡夫人"规定的出格事：他迎娶了宋武公的二女儿仲子作为嫡夫人。按照《左传》的说法，这段婚姻是神奇的"天作之合"：仲子生下来的时候，从掌纹里能看出字，说这女子长大以后要成为鲁国君主的嫡夫人。礼制再大也大不过天命，宋、鲁两国都积极促成这桩"天注定"的姻缘，于是仲子到了适婚年龄就正式嫁到鲁国，成为鲁惠公的第二位嫡夫人。

仲子嫁给鲁惠公之后，肚子非常争气，不久就生下了嫡长子公子允。此时，庶长子公子息姑已经四十多岁了。一方面，公子息姑等了大半辈子也没有等来被立为太子的那一天；另一方面，还在襁褓中的公子允后来居上，由于他的母亲仲子是明媒正娶的嫡夫人，他也就顺理成章地按照"子以母贵"的原则被鲁惠公立为太子。

前723年，鲁惠公去世。当时太子允还是幼儿，无法行使国君职能，于是公子息姑担任摄政君（也就是鲁隐公），而尊奉太子允为储君，等待太子允成年后再将政权交还给他。因为鲁隐公不是真国君，所以前722年正式即位时没有举行即位典礼，鲁史《春秋》中也没有记载。

效法周公：
鲁隐公的摄政与遇害

据《左传》记载，鲁隐公即位之后，充分展现出一个模范摄政君所应具有的谦退之德。一个重要表现是，鲁隐公在丧葬祭祀场合处处表现出对储君生母仲子的尊重。比如说，仲子去世后，她的牌位该摆在哪里成了一个大问题。按照礼制规定，诸侯国君生时不再娶夫人，所以夫妇去世后，国君牌位旁边只能摆一个嫡夫人牌位，而这个位置已经被元配嫡夫人孟子占据了。为了不让鲁惠公牌位"左搂右抱"两个嫡夫人牌位而被祭祀他的子孙后代嘲笑，也为了让仲子的儿子储君允顺心，鲁隐公不惜打破常规，专门为仲子建立了一座庙，用来供奉仲子的牌位。周礼中并没有为嫡夫人单独立庙的制度，然而鲁隐公这样做的动机符合"亲亲""尊尊""和为贵"的周礼大义，所以不应该算作恶意的违礼，而应算作是善意的权变。

鲁隐公在执政的前八年里，一方面依据"谦退为本"的原则治理内政——充分尊重储君允，不敢以正牌国君自居，以至于时常出现卿大夫不经鲁隐公允许就擅自出兵的情况；另一方面依据"不卑不亢"的原则开展外交——与邻国和解多而争斗少，但在遭遇邻国挑衅时又能坚持原则维护国家利益。在执政的后三年里，鲁隐公审时度势，更加积极地参与到"小霸"齐僖公和郑庄公组织的霸政行动中，通过参与讨伐宋国和讨伐许国，一方面进一步提升了鲁国的国际地位，另一方面也为鲁国带来了实实在在的战略利益，比如说从郑庄公手中获得了多个原本属于宋国的城邑。

鲁隐公和储君允之间的嫌隙，很可能就是在最后三年加速恶化的。此时储君允已经越来越临近成年即位，在这样一个时期，鲁隐公并没有逐渐从摄政角色上退出，反而越来越积极有为，干得风生水起，这就不由得让朝中卿大夫和储君允开始猜测其真实意图了。从君子之心揣度，鲁隐公是想要抓住齐郑"小霸"构建国际新秩序的机遇，为鲁国在这个新秩序中争取一个最有利的位置，把这个作为一份厚礼送给未来将成为国君的储君允。从小人之心揣度，鲁隐公的"假戏真做"计划随着储君允亲政日期的临近已经进入到最后阶段，他准备通过积极参与霸政行动为自己积攒功绩人望，然后找个合适机会暗杀没有功业、没有威望因而没有拥护者的储君允，最终在钦佩他的臣民拥戴下转型成为正牌国君。平心而论，以"小人之心"所设想的场景反而更加符合人们对于"正常"政治人物的设想。

在以小人之心揣度鲁隐公的卿大夫中，最为焦虑的就是权臣公子翚（音"挥"）。仅就《左传》的记载而言，在前719年（鲁隐公四年）和前713年（鲁隐公十年），公子翚曾经两次在没有得到鲁隐公同意的情况下擅自率军参与齐郑组织的霸政行动。从常理推论，公子翚和鲁隐公之间的关系应该是比较紧张的。如果鲁隐公真如公子翚所料，是打算杀掉储君允然后自己做真国君的话，那么，在已经开了杀戒的鲁隐公夺权上位之后，很可能会罢黜甚至杀掉公子翚这个长期与鲁隐公作对的逆臣。

一方面猜测鲁隐公需要有人帮他杀储君允，另一方面又害怕鲁隐公在夺权后会罢黜或杀掉自己，在这两重算计的促使下，公子翚决定主动出击。他私下进见鲁隐公，表示自己早就揣摩出鲁隐公的计划是通过积极有为来积累政绩人望，然后杀掉储君允转正成为真国君。接下来，公子翚提出，自己可以帮助鲁隐公"干脏活"即杀了储君允，交换条件是鲁隐公成为真国君之后任命他做太宰这个高官。鲁隐公听完之后，这样回答公子翚："我之所以在摄政期间积极有为，不是像您想的那样，而是因为储君允他年少的缘故。如今他已经接近成年，我准备把国君的位置还给他了。您既然这么愿意替我卖命，那不如这样，您去帮我在菟菟裘❶修建居室，我退下来之后准备在那里养老。"

鲁隐公说出上面这番话后，公子翚便处在非常危险的境地：他的阴谋已经完全暴露，而他又没有猜对鲁隐公的真实想法。既然鲁隐公是真君子，是真想让位退休，那么鲁隐公必然不能把公子翚这样的奸臣留给鲁桓公，而很有可能会杀掉公子翚以绝后患。既然公子翚认为鲁隐公很有可能要杀掉他，那么，鲁隐公派他负责营造菟裘就可能只是临时编个借口稳住他，实际上是要把他调离国都，然后采取行动杀掉他。实际上，在春秋晚期，齐国君主齐悼公就是用这种"调虎离山"的方法杀了有谋反之心的鲍牧。

然而，公子翚可不是愿意坐以待毙的人。在误判鲁隐公之后，他为了保全自己，马上跑到了储君允那里，说："我已经为您探听了摄政君的心意，他说：'我不打算归还君位。'❷"储君允原本就在猜疑，鲁隐公随着交权日期临近反而更加积极地治国理政是不是有什么图谋，如今公子翚言之凿凿的话证实了他的猜疑，

---

❶ 菟裘见图4。
❷ 《公羊传·隐公四年》："吾为子口隐矣。隐曰：'吾不反也。'"
为提高阅读流畅度，本书正文中引用的古书原文，除确实需要列出原文的几处，原则上直接采用白话译文，同时注出古书原文，下同。

于是他急切地问:"那该怎么办呢?"❶公子翚说:"请允许我起事发难,杀掉摄政君。"❷储君允同意了公子翚的提议。

最终,鲁隐公被公子翚指使贼人杀害,储君允即位,就是鲁桓公。鲁桓公政权随后"彻查"鲁隐公死因,将责任推到大夫寪(音"韦")氏身上,鲁隐公死前曾经在寪氏家居住过。鲁桓公杀了几个寪氏的人顶包,就这样把事情遮盖过去了。

从鲁隐公一生作为来看,他应该是一位真有仁德的君子(详见最后一节分析),而他的执政目标应该是做一个流芳后世的模范摄政君。鲁隐公所仿效的榜样,最有可能就是西周初年摄政称王、辅佐储君诵(即后来的周成王)的周公旦❸。周公除了是西周开国功臣,也是鲁国的始封君,自然也就是历代鲁国君臣最为崇拜的伟人,所以鲁隐公以周公为榜样也是顺理成章的。

从常理推想,鲁隐公的品德不可能是他当上摄政君以后突然获得的,而是他还是公子息姑的时候就一

---

❶ 《公羊传·隐公四年》:"然则奈何?"
❷ 《公羊传·隐公四年》:"请作难,弑隐公。"
❸ 周公是否称摄政王本身是有争议的,笔者倾向于他的确称王,这也是后来周公的兄弟管叔、蔡叔怀疑周公意图篡位成为真周王的重要原因。

直在培养的。进一步想，这样一位顺位继承权长期排第一、自身又有未来明君气象的公子，一定会得到鲁国卿大夫的群体拥护。因此，到鲁惠公立公子允为太子前，公子息姑应该已经积累了很高的人望，是众望所归的君位继承人。

《史记》异说：
哪有天注定，就是抢儿媳

鲁惠公再娶夫人的事，《史记·鲁周公世家》也有记载，但却与《左传》大不相同：

> 当初，鲁惠公的嫡夫人没有生下儿子，贱妾声子生下了庶长子公子息（即《左传》公子息姑）。公子息长大之后，鲁惠公派人到宋国为公子息娶妻。宋女到达鲁国后，鲁惠公一见是个美女，把她夺过来做了自己的妻子，生下公子允。接下来，鲁惠公将宋女升为夫人，立允为太子。等到鲁惠公去世，由于太子允年幼，鲁人共同要求公子息

担任摄政君,不称即位。❶

按照《史记》的说法,鲁惠公再娶夫人根本就不是因为什么"天作之合"。鲁惠公就是一个见色忘义的老淫贼,本来是为儿子公子息姑娶妻,见人家姑娘年轻漂亮,就直接抢过来归了自己。成为鲁惠公宠妾的仲子肚子很争气,不久就让将近六十的鲁惠公抱上了大胖小子。老来得子本来就是大喜事,何况生孩子的还是自己特别喜爱的女人。于是,鲁惠公决定,仲子直接升为嫡夫人,公子允直接立为太子。鲁惠公去世后,太子允年少,而且鲁人大多同情和拥护公子息姑,于是共同推举息姑担任摄政君。

有意思的是,这个野史味浓重的《史记》版本虽然不出意料地被不少当代戏说历史的文章直接视为真相,却并没有得到《左传》严肃研究者的重视。比如说,唐代孔颖达《春秋左传正义》和今人杨伯峻《春秋左传注》都没有认真探讨过《左传》和《史记》版本孰是孰非的问题。笔者猜测,这很可能跟《左传》研究者中一种较为普遍的"潜意识"有关,那就是:

---

❶ 《史记·鲁周公世家》:"初,惠公適夫人无子,公贱妾声子生子息。息长,为娶于宋。宋女至而好,惠公夺而自妻之,生子允,登宋女为夫人,以允为太子。及惠公卒,为允少故,鲁人共令息摄政,不言即位。"

《史记》比《左传》晚出，而且司马迁所存异说往往是情节夸张曲折的野史小说，比如周幽王烽火戏诸侯以博褒姒一笑、程婴杵臼舍生忘死力保赵氏孤儿等，所以《史记》异说往往不被《左传》研究者所重视。实际上，笔者同样是受到这种观点影响的《左传》研究者之一，然而，这一回情况似乎确实不大一样。

单看《左传》的"鲁惠公再娶夫人"故事本身，因为有"天作之合"这个最大的道理压着，所以鲁惠公晚年再娶嫡夫人的行为也算说得过去，公子允立为太子也算是顺理成章。可是，如果我们仔细阅读和琢磨《左传》，就会发现如下两个蹊跷之处。

《左传》蹊跷之处之一：
春秋贵族圈的夺妻事件

《史记》版本中最让人觉得不可信的情节就是鲁惠公为儿子息姑娶妻却最终归了自己，这种将不缺妻妾的高级贵族描述成见色忘义的淫贼的桥段，乍一看的确非常像民间野史的风格。然而，《左传》里还真就记载了三次性质完全相同的事件：

第一次，是父亲抢儿媳。卫国❶君主卫宣公为太子急到齐国❷娶妻，因为新儿媳妇宣姜长得漂亮就直接抢过来归了自己。这宣姜也是个狠角色，她为了让自己和卫宣公生的儿子当上太子，反过来害死了本来要成为自己丈夫的太子急。

第二次，是堂兄抢弟媳。鲁国卿官孟穆伯为了堂弟东门襄仲到莒（音"举"）国❸娶妻，因为新弟媳己氏长得漂亮就直接抢过来归了自己。东门襄仲不能忍受这种羞辱，要跟孟穆伯刀兵相见，后来鲁文公出面调解，让己氏回了莒国，堂兄弟二人言归于好。没想到，第二年孟穆伯出使周王室❹时，半道带着给周王的财礼逃到了莒国，和己氏过恩爱日子去了。最终孟穆伯客死在齐国。

第三次，还是父亲抢儿媳。楚国❺君主楚平王为太子建到秦国娶妻，听信了奸臣费无极的教唆，将新儿

---

❶ 卫（卫4）见图1、图2、图3、图4、图5。卫国都城前660年从卫1迁至卫2，前658年从卫2迁至卫3，前629年从卫3迁至卫4。

❷ 齐见图1、图3、图4。

❸ 莒见图4。

❹ 周（周1）见图1、图2、图3、图5。周王室都城前509年从周1迁至周2。

❺ 楚见图1、图5。据清华简一《楚居》记载，楚国都城在春秋时期频繁迁徙，且多数不见于传世文献记载，无法确定具体位置，故本书仅用"楚"标出大多数都城所在的荆东汉西核心区。

媳秦嬴抢过来归了自己，并且立为嫡夫人。费无极后来又接连设计挑拨楚平王和太子建之间的关系，最终导致太子建出奔宋国。太子建出奔之后，秦嬴所生的王子壬被立为太子。

总而言之，在礼坏乐崩的春秋时期，"为亲人娶妻却最终归了自己"是在高级贵族圈子里时不时就会出的烂事；也就是说，《史记》版本的核心情节虽然读起来野史味很浓，但却完全有可能发生。

值得注意的是，《左传》还详细记载了楚平王夺妻事件对于君位继承造成的影响，这对于我们推测鲁惠公去世之后那场导致鲁隐公摄政的政治博弈内情颇有帮助。前516年楚平王去世后，令尹囊瓦想要不立年幼的太子壬为新君，而是改立楚平王庶子里面年纪最大、德才水平也很高的庶长子王子申为新君。囊瓦的说法是："太子壬年幼，而且他的母亲秦嬴本来就不是明媒正娶的嫡夫人，当年本是太子建要迎娶的女子。子西（王子申）年长而且爱好善道。拥立年长的儿子为君顺乎事理，建立良善的儿子为君国家就能治理好。君王顺理、国政修治，能够不这么做吗？"❶

---

❶ 《左传·昭公二十六年》："大子壬弱，其母非適也，王子建实聘之。子西长而好善，立长则顺，建善则治。王顺、国治，可不务乎？"

让囊瓦没有想到的是，他的提议最大的受益者王子申却毫不领情，反而发怒说："这是扰乱国家并且彰显君王过恶的错误做法❶！国家有重要的外援（指秦嬴的母家秦国），是不可以轻慢的；君王有嫡夫人生的继承人，是不可以扰乱的。败坏亲人的名声、招致外来的仇敌、扰乱正统的继承人，这都是不祥的事情，如果我接受了令尹的提议，就必将承受恶名。就算用整个天下来贿赂我，我都不会这样做，楚国对我来说又有什么呢？一定要杀了令尹！"❷令尹囊瓦害怕了，所以只好立了年幼的太子壬为君，就是楚昭王；囊瓦仍然担任令尹，王子申仍然担任卿大夫。

囊瓦的这番话提醒我们，国君违礼夺取儿媳而立的嫡夫人，她本人的嫡夫人之位是不端正的，因此她所生的儿子是否能依据嫡子宗法地位被认定为太子，从而是否能立为新君也是有争议的。因此，在这位国君去世之后，朝堂上的卿大夫很可能会分裂为两派，一派可以称为"纠正先君错误派"，一派可以称为"遵

---

❶ 王子申的意思是，废嫡立庶，这是扰乱国家；提及楚平王夺太子建妻之事，这是彰显君王过恶。
❷ 《左传·昭公二十六年》："是乱国而恶君王也。国有外援，不可渎也；王有適嗣，不可乱也。败亲、速仇、乱嗣，不祥，我受其名。赂吾以天下，吾滋不从也，楚国何为？必杀令尹！"

【甲子】天作之合：《左传》开篇的谎言和真相　15

从先君遗命派"（既然先君没有废黜太子，则是希望他继位为君），而最后的君位继承安排是这两派争论博弈的结果。比如说，楚国最后的安排是"太子壬继承君位，王子申作为大臣辅政"，就是因为"遵从先君遗命派"核心人物王子申恰巧是"纠正先君错误派"核心人物囊瓦想要拥立的王子，而且王子申坚决拒绝即位为君，坚决要求按照先君遗命行事。

回过头来看鲁国的情况，我们会发现，鲁惠公去世后的君位继承安排是非常奇怪的。从《左传》记载来看，如果国君去世时太子年幼，而国君又有长庶子，正常安排是"太子即位为君，而长庶子作为卿大夫辅政"，因为这样做既遵从了先君遗命，也符合"嫡长子继承君位"的周礼规定。实际上，这种正常安排也正是尊崇周礼的王子申极力捍卫的东西。然而，鲁惠公去世后的君位继承安排却是"长庶子公子息姑即位为摄政君，同时奉太子允为储君"，这么奇怪的安排在春秋时期仅此一例，在整个周代历史中能找到的先例也只有一个，那就是周武王去世之后，"周公即位为摄政王，同时奉太子诵为储君"。非常重要的是，这周公不是别人，而就是鲁国的始封君。

笔者认为，最符合政治逻辑的推测是：仲子真是鲁惠公夺取儿媳而立的嫡夫人，她所生的太子允地位有争议，导致鲁惠公去世后卿大夫群体分裂，"改正先君错误派"和"遵从先君遗命派"进行争论博弈，最终双方达成妥协，同意援引始封君周公先例来确立一个双方都能够接受的安排。

《左传》蹊跷之处之二：
鲁宋关系的跌宕起伏

按照《左传》版本的叙述，鲁、宋长期通婚，先后有孟子、仲子两位宋国君主的女儿分别在鲁惠公在位早期和晚期嫁给鲁惠公做嫡夫人，而且第二位夫人还是双方宁可违背礼制也要促成的"天作之合"。在这样亲上加亲的联姻关系下，两国在鲁惠公执政晚期的关系应该是非常融洽的。

可是，按照《左传》后续的多处记载，在鲁惠公晚年，鲁宋关系并非和睦融洽，而是完全破裂——两国一直处于战争状态。鲁惠公还在世时，鲁人曾在黄地❶打败过宋国军队，而鲁惠公去世时，宋国不顾"不伐有丧之国"的礼制规定，继续出兵攻打鲁国。鲁国

---

❶ 黄见图3。

当时疲于应付战事，所以鲁惠公葬礼办得很潦草。

更蹊跷的是，前722年鲁隐公一上台，先前坏到极点的鲁宋关系立刻回暖，同年九月就在宿国❶结盟和好。这说明，鲁宋之间并不存在不可调和的利益冲突，而很可能是跟鲁惠公其人直接相关的恩怨。在与宋国恢复友好关系之后，十月，鲁隐公按照正礼重新安葬了鲁惠公。

需要特别注意的是，鲁惠公中晚年对应的宋君先后为宋宣公（前747年—前729年在位）和宋穆公（前728年—前720年在位）。据《左传》的记载，这两位宋君可不是蛮横暴虐的昏君，而都是德行高洁之人：宋宣公临终前舍弃自己的儿子与夷而立了贤明的弟弟宋穆公，而宋穆公在临终前又舍弃自己的儿子冯而立了侄子与夷，将国家交回给哥哥宋宣公的子嗣。也就是说，宋鲁兵戎相见，大概率不是因为宋国不讲理，想要侵略鲁国、攫取利益，而是双方在某一原则问题上撕破了脸，而这个原则问题，很有可能就是"仲子原本是公子息姑夫人，却被鲁惠公夺取做了国君夫人"。

---

❶ 宿见图4。

重构"鲁惠公再娶夫人"事件

在上述分析的基础上,笔者将综合《左传》《史记》的记载,并根据合理想象补足空白,在这一节重构"鲁惠公再娶夫人"事件的来龙去脉,重构的起点是孟子去世,而终点则是鲁隐公被杀。

鲁惠公元配夫人、宋国君主之女孟子没有生下嫡子就死了。孟子的陪嫁妾声子得到鲁惠公临幸,生下了庶长子息姑。声子可能颇有贤德才干,又"母以子贵",因此得以住进孟子宫室,成为地位高于诸妾、低于嫡夫人的"继室",像嫡夫人一样服侍鲁惠公、管理后宫。

声子虽是"继室"却并不受宠,而她所生的公子息姑长大后,品行仁爱端正,不像他的父亲,这样一个"不肖之子"自然也得不到鲁惠公的喜爱,所以直到四十多岁还没有被立为太子。不过,鲁国卿大夫群体从礼制常规推测,鲁惠公既然不可能再娶嫡夫人,那么也就不可能再能生出嫡子超越庶长子公子息姑,而公子息姑本人又有贤德,所以公子息姑长期以来就是鲁国高层默认的太子和未来国君唯一人选,在鲁国已经有了很深厚的人望基础。

鲁惠公虽然并不喜欢公子息姑,但也知道自己已是暮年，公子息姑早晚要被立为太子，于是向友邦宋国提出请求，准备为公子息姑娶嫡妻，使得鲁宋两国的长期联姻关系在自己去世后能够延续下去。宋人在宗室女子中物色人选时，发现宋武公二女儿仲子年纪合适，据说生下来时掌纹又形似当时"鲁夫人"三字，于是决定把这个得到天命眷顾的女子嫁给公子息姑，指望着她成为未来鲁国君主的嫡夫人。

仲子在迎亲的鲁国卿大夫护送下到达鲁国后，还没成为公子息姑的妻子，却引来了鲁惠公的垂涎。对仲子一见钟情的鲁惠公恐怕是吃准了自己的道德模范儿子不会因此犯上作乱，于是顾不得自己五十多岁的年纪，也顾不得掌握实情的卿大夫们对自己的嫌恶，一意孤行把仲子夺过来做了自己的妻子。

就鲁惠公而言，他得到仲子之后，由于是真心喜爱，自然百般宠爱、频繁临幸，而受宠的仲子也争气，不久就给鲁惠公生下了公子允。鲁惠公宠爱仲子，又喜欢公子允，于是也顾不得什么"诸侯不再娶夫人"的礼制，将仲子升为夫人，将公子允立为太子。至于自己去世后两个嫡夫人牌位怎么摆的问题，就留给继任国君去烦恼吧。鲁惠公为自己的决定申辩的一条重要理由，可能就是仲子手掌上的"鲁夫人"掌纹。当然，鲁惠公是将"鲁夫人"解读为"现任鲁国君主的嫡夫人"。

就宋穆公而言，鲁惠公强夺儿媳的消息必然让他非常震惊。无论是从政治层面，还是从道德层面，宋穆公都不能忍受鲁惠公把亲上加亲、天命加持的美好姻缘最终改编成一出父亲出于淫欲而抢儿子新娘的闹剧。于是，宋穆公以此为由出兵讨伐鲁国，要求鲁惠公想办法改正错误、消除恶劣影响。鲁惠公这边则认为，我宠爱你宋国嫁过来的仲子，你宋国凭什么讨伐我？鲁宋双方各执一词，从此两国一直处于交战状态。让事情更不可收拾的是，在黄地战役中，鲁人还打败了宋国军队，这就让自认为得理的宋穆公更加愤怒，以至于鲁惠公去世后的殡葬期间，宋国仍然不停止军事行动，导致鲁惠公的葬礼没能正常举行，灵柩潦草下葬。

随着鲁惠公强夺儿媳、立公子允为太子等悖乱事件的接连发生，鲁国卿大夫群体在鲁惠公去世前很可能已经分成了"反对国君派"和"遵从国君派"。鲁惠公去世后，上述两派演化成为"改正先君错误派"和"遵从先君遗命派"。

不过，鲁惠公去世后鲁国的情形与楚平王去世后楚国的情形有几点不同：

第一，鲁惠公在位长达四十六年，从庶长子公子息姑出生后，到晚年立太子允之前，公子息姑一直被全体卿大夫默认为是未来君主的唯一人选，具有很深厚的人望基础；楚平王在即位之后就立了长子王子建为太子，驱逐太子建之后又立了王子壬为太子，因此，王子申从来没有被广泛地默认为是未来君主的人选。

第二，公子息姑是鲁惠公夺妻行为的直接受害者，这让公子息姑更加得到卿大夫们的同情，而王子申并不是楚平王夺妻行为的直接受害者。

因此，相对于楚国而言，在鲁国，"改正先君错误派"应该包括了大多数卿大夫，在实力方面占压倒性上风，这一派的初始主张应该是废了得位不正的太子允，直接拥立公子息姑即位为君。"遵从先君遗命派"人数很少，但其核心人物应该就是公子息姑本人，这一派的初始主张应该是立太子允为君，而公子息姑担任卿大夫辅政。

两派经过了争论博弈之后，最终在"改正先君错误"和"遵从先君遗命"之间选择了一个折中方案，那就是既不废了太子允、直接拥立公子息姑做真国君；也不立太子允为真国君，而让公子息姑担任卿大夫辅政，而是援引"周公担任摄政王、奉太子诵为储君"的先例作为依据，拥护公子息姑担任摄政君，奉太子允为储君。《史记·鲁周公世家》所说的"鲁人共同要求息姑担任摄政君",说的就是两派在幕后达成协议之后,来到幕前共同拥立公子息姑的情形。

这个折中方案的妙处在于:

第一,它使得鲁国避免了与"幼主临朝"相关联的政治风险,确保了鲁国接下来将由一位年龄、德行、人望都很合适的国君来领导。

第二,它基本满足了绝大多数卿大夫改正先君错误的愿望,将他们心目中的理想人选公子息姑立为与真国君只有一步之遥的摄政君,并将他们心目中得位不正的太子允置于公子息姑的掌控之下。

第三,它抬出始封君周公的先例作为理据,为这个在其他诸侯看来是离经叛道的安排提供了合法性和正当性,这使得卿大夫们能够最终说服公子息姑不再辞让,而是接受了摄政君的安排。

尘埃落定之后,公子息姑也积极调整心态,下决心要向他一直仰慕的周公那样,做一个模范的摄政君。前722年鲁隐公即位之后,马上向宋穆公主动请求改善关系,而宋穆公与鲁隐公本来就没有仇怨,可能还非常同情他,所以两国在同年晚些时候就迅速和好结盟。

随着储君允逐渐长大懂事,特别是在得知了"摄政君+储君"怪异安排的曲折内情之后,他对于鲁隐公的态度很可能就已经变为明里恭顺、暗里猜忌。从储君允的角度看，鲁隐公执政期间的种种"高风亮节"行为更像是为他将来上位当真国君积累人望和政绩。因为说到底，这君位本来就该属于鲁隐公，而储君允不过是鲁惠公晚年荒诞行为产生出来的麻烦。

前712年（鲁隐公十一年）时，储君允已经到了可以亲政的年龄，而鲁隐公也到了卿大夫可以告老退休的年龄。到这时，不光是储君允对于鲁隐公的猜忌到了极点，想要作乱上位的权臣公子翚也开始琢磨鲁隐公的真实意图。公子翚起初怂恿鲁隐公同意杀储君允是他看错了人，他没想到自己竟遇上了个真心想要学周公的仁德君子。不过，他后来跑到储君允那里进谗言倒是找对了人：储君允一方面认为公子翚的告密证实了自己长久以来的猜忌，另一方面他又认为公子翚应该不敢编造这种罪及灭族的谣言。于是，他相信了公子翚，纵容公子翚先杀了鲁隐公，并嫁祸给无辜的䓣氏。

简评鲁隐公：观过，斯知仁矣

孔子说："不同的人犯的错误，各自对应他所属的类型。观察一个人有什么样的过失，才能真正知道他有没有仁德。"❶《礼记·表记》中记载了孔子对"观过知仁"的详细解释："表面上仁爱的人有三种，他们都能与真有仁德的人成就同样的功业，但内心真实想法却不一样。和真有仁德的人成就了同样的功业，这人内心是不是真有仁德是不清楚的；和真有仁德的人遭遇了同样的过失，这人倒可以确认是真有仁德。真有仁德的人为了心安而行仁爱之事，智者为了利益而行仁爱之事，畏罪者为了不受罚而勉强行仁爱之事。"❷

纵观古今历史，真有仁德的人最容易犯的过失，就是被奸诈无耻之人算计坑害，从而导致利益受损、事业失败甚至死于非命，所以会有"卑鄙是卑鄙者的通行证，高尚是高尚者的墓志铭"的诗句，会有"好人常命短，祸害活千年"的俗语。而之所以会这样，说到底，是因为此人在智慧、勇气等方面有所欠缺，不足以支撑他践行仁德的高远志向。子贡称赞孔子时说："有仁德又有智慧，夫子已经是圣人了。"❸可见真

---

❶ 《论语·里仁》："子曰：'人之过也，各于其党。观过，斯知仁矣。'"
❷ 《礼记·表记》："子曰：'仁有三，与仁同功而异情。与仁同功，其仁未可知也；与仁同过，然后其仁可知也。仁者安仁，知者利仁，畏罪者强仁。'"
❸ 《孟子·公孙丑上》："子贡曰：'……仁且智，夫子既圣矣！'"

的要达到周公、孔子那样的圣明境界，光有仁德可不行，还得有智慧。

鲁隐公这一生的过失，就是真有仁德之人的典型过失。他先是被父亲抢了新娘，然后被同父异母的弟弟抢了正牌君位，自己调整好心态想要做个模范摄政君，却在马上就要还政之时被奸臣谋害丢了性命。最终杀了他而上位的鲁桓公，封给他一个不香不臭的谥号"隐"。鲁隐公具有不逊周公的仁德，却没有周公面对储君猜疑、兄弟反目、东土叛乱等复杂情况时所表现出来的大智慧，最终死于非命、功业不昭，真是可悲可叹！不知七百年后的那位同样尊崇周公、同样是道德楷模，而且熟读《左传》的王莽，在研读《左传》开篇的鲁隐公事迹时，心中是否曾涌起一种惺惺相惜的情感呢？

【乙丑】

齐女文姜：中国首位女外交家的跌宕人生

齐女嫁鲁，姻亲相争

前709年九月，鲁国北部边境的讙（音"欢"）邑[1]突然热闹起来。当时中原最有威望的"小霸"国君齐僖公不辞劳苦，把他的一个女儿从齐国都城一直送到了讙邑，交给即位不到三年、正急切地想通过联姻与齐国交好的鲁桓公。

齐僖公亲自送亲，这已经严重违反了周代礼制的规定。按规定，诸侯国君即使是嫁女儿给周天子，也只是派上卿去送。鲁国相对齐国是小国，齐僖公派个上大夫送女儿已经足够了。没有谁会无缘无故地违背礼制，违礼背后，必有问题。问题的核心就是，这个女子绝非一般人物。爸爸对她宠爱到不惜违背周礼，更夸张的是，她哥哥公子诸儿（后来的齐襄公）对她的宠爱已经越过了兄妹的界限——在该女子出嫁前，两人就已经是乱伦通奸的关系。

这个女子，就是在儒家经典《春秋》里"上头条"次数最多的国君夫人——鲁桓公夫人文姜。"姜"是她的姓，而"文"是她去世后鲁国卿大夫开会议定的谥号。要注意的是，"文"可是当时君主和贵族能够获得

---

[1] 讙见图4。

的最美好的谥号，如周文王、晋文公之类。由此可见，这位夫人的一生绝不只是辅佐夫君、治理后宫那么简单。

文姜嫁到鲁国之后，三年后就顺利生下太子同，也就是日后的鲁庄公。她本可以像绝大多数国君夫人一样，抚养太子，管理后宫，就这么一直养尊处优、岁月静好地过下去。然而，她的夫君鲁桓公此时胸怀大志，想要抓住齐僖公、郑❶庄公这两个"小霸"国君先后去世的机会，参与中原霸主的竞争。而鲁桓公最直接的竞争对手，正是文姜的哥哥兼情人——齐襄公。

当时鲁桓公一直在努力做的一件大事，就是希望通过外交斡旋、引入周王干预等政治手段，阻止齐国吞并东边的近邻纪国❷。然而，对于齐国来说，不吞并纪国，就不能向东开疆拓土，这岂是想要继承父亲齐僖公称霸遗志大干一场的齐襄公能够答应的？不过，齐襄公和鲁桓公在表面上并没有因为纪国问题而撕破脸。在前695年春天，鲁桓公与齐襄公、纪侯在紧临齐国都城的黄邑会面并盟誓，鲁桓公促成齐纪双方达成了暂时的和平协定。

到了前695年夏天，齐军入侵鲁国边境奚地。边

---

❶ 郑见图1、图2、图3、图5。
❷ 纪见图4。

防军队拿捏不准抗击齐军的政治后果，于是派人到国都向鲁桓公汇报情况。鲁桓公很硬气地指示边防军队："边境方面的事，原则就是谨慎地守好自己这边，然后防备意外的发生。姑且尽力防备吧！如果入侵真的来了该打就打，又为什么要报告我呢？"❶于是，鲁军很硬气地打退了齐军。鲁桓公从当时的常理出发考虑问题，自认为在处理齐军入侵事件上有理有据、不卑不亢，应该会让齐襄公更加敬重自己。然而，后来事态的发展证明，这是对齐襄公思维方式和行事风格的严重误判，而这一误判的后果是致命的。

旧情复炽，鲁桓横死

到了前694年的春天，鲁桓公去齐国进行正式友好访问，其主要目的可能就是为了缓和奚之战后齐鲁之间的紧张关系。此次访问齐国，鲁桓公竟然带上了文姜同行。在古代，国君夫人的职责就是管好后宫，让夫君能安心在前朝治国理政，陪同夫君出访简直是"岂有此礼"。

---

❶ 《左传·桓公十七年》："疆场之事，慎守其一，而备其不虞，姑尽所备焉。事至而战，又何谒焉？"

还是那句话，违礼背后，必有问题。鲁大夫申繻（音"需"）评论此事说："女的已经有夫家了，男的也已经有妻室了，就不能再相互亵渎，这才叫有礼。如果违反了这个，一定会有祸乱！"❶估计当时鲁国贵族圈子里已经在传这么一条劲爆的小道消息：齐襄公在文姜出嫁前就和她通奸，这回估计是齐襄公主动要求鲁桓公带上老婆一起来，公开的理由估计是带文姜回齐国省亲，至于真正的理由，相信大家都懂的。

到达齐国都城之后，已经多年没有见面的齐襄公和文姜旧情复炽，做了不可描述的事情。住在国宾馆的鲁桓公听闻了消息，知道自己绿帽子戴定了，情绪失控，把平时一直供着捧着的文姜给骂了一顿。向来备受父亲和哥哥宠爱的文姜哪受得了这个气，于是转头把鲁桓公骂自己的话转告给了齐襄公。阐释《春秋》的《公羊传》还很八卦地记载了文姜对齐襄公说的最劲爆的一句话："我老公骂我说：'太子同不是我的儿子，而是齐侯的儿子吧！'"❷不过，从太子同后来的行为来看，这句话可能真的只是鲁桓公的一句气话，并没有实锤。

---

❶ 《左传·桓公十八年》："女有家，男有室，无相渎也，谓之有礼。易此，必败！"
❷ 《公羊传·庄公元年》："公曰：'同非吾子，齐侯之子也！'"

就这样，鲁桓公在一个错误的地点（齐国都城），以一种错误的方式（破口大骂）表明了自己无法容忍齐襄公和文姜的奸情。从私人情感论，齐襄公为了表现出对妹妹兼情人文姜的疼爱，必须要报复鲁桓公；从称霸事业论，鲁桓公这个不好惹的竞争对手已经被激怒，"放虎归山"必然会让齐国西进中原争霸的事业面临更大的挑战。公私两方面的考虑叠加，促使齐襄公决定抓住时机，痛下杀手。

夏四月十日，齐襄公设享礼款待鲁桓公。在宾馆门口上车的时候，车上的陪乘齐公子彭生是个大力士，他伸手拉鲁桓公上车，一不小心"用力过猛"拉断了鲁桓公的脊椎，鲁桓公当场就死在了车里。消息传回国之后，鲁国高层随即向齐国提出强烈抗议，说鲁桓公就这么在齐国不明不白地死了，在中原诸侯国群体中造成了非常恶劣的影响，希望齐国严惩杀人凶手公子彭生。齐襄公二话没说，马上杀了公子彭生来应付鲁国。

鲁桓公在齐国暴毙，鲁国只要求齐国惩处彭生这个干"脏活"的小喽啰，而不敢兴师问罪揪出幕后真凶，这已经充分表明鲁国实力不及齐国，无法支撑鲁桓公积极进取的政治抱负。就这样，齐国称霸道路上的又一个重大障碍被扫除了。

文姜摄政，对齐亲善

鲁桓公死后，文姜有一段时间没敢回鲁国。前693年春正月，年仅十三岁的太子同正式即位，就是鲁庄公。当时他的父亲离奇死亡，母亲躲在娘家不回来，即位典礼也没办，鲁庄公心里有多苦，想想就知道。

鲁庄公即位后，文姜曾经短暂地回过鲁国，但是到了春三月又再次出逃到了齐国。可是，文姜并没有从此一直躲在娘家，她在第二年（前692年）还是回到了鲁国。在此以后，这位背负着害死亲夫骂名的先君夫人好像变了一个人，她没有选择安分守己地待在鲁国后宫了此残生，而是开始了她抛头露面的人生下半场。

据说是孔子根据鲁国国史编修、每个字都蕴含着孔子微言大义的儒家经典《春秋》，在鲁庄公二年（前692年）的部分记载了这么一条：

> 冬，十有二月，夫人姜氏会齐侯于禚❶（音"卓"）。

---

❶ 禚见图4。

阐释《春秋》的《左传》对这条《春秋》的阐释是：

> 书，奸也。

而阐释《春秋》的《穀梁传》对这条《春秋》的阐释是：

> 妇人既嫁，不逾竟，逾竟非正也。妇人不言"会"，言"会"非正也。飨，甚也。

"夫人姜氏"就是文姜，"齐侯"就是齐襄公，"禚"是齐国境内的城邑，附近有可供狩猎的山林。也就是说，文姜不仅出了鲁国后宫，还出了鲁国国境，自己来到了齐国境内的禚邑，与齐国君主，同时也是她的情人齐襄公会面。更加奇怪的是，这件事还上了《春秋》，而且《春秋》记录此事的格式——"某某会某国君主于某地"，与《春秋》记录一国君主／卿大夫出访另一个国家，与另一个国家的君主在外交场合正式会面的格式完全一样。

《春秋》这本惜字如金的历史著作，只记录鲁国和鲁国友邦的国家大事，比如说，前692年的《春秋》总共就这么五条：

二年春，王二月，葬陈庄公。

夏，公子庆父帅师伐于余丘。

秋七月，齐王姬卒。

冬，十有二月，夫人姜氏会齐侯于禚。

乙酉，宋公冯卒。

如果按照《春秋》正常体例来看的话，文姜会齐襄公，是前692年鲁国两件国家大事中的一件（另一件是鲁卿公子庆父帅师伐于余丘），足见其重要性，非常不一般。

不论是周代，还是后来中国古代的历朝历代，国君夫人的职责是治理后宫。且不说不可能在没有国君陪伴的情况下，独自跑到别国去与别国君主在公开场合会面，就算是"陪同国君出访某国"，在古代也是闻所未闻的。《穀梁传》说的就是这个问题，翻译成白话文就是："妇人因为嫁人而逾越一次国境之后，就不应该在除开省亲的情况下再次逾越国境，逾越国境到别国去就是不合于正礼的。妇人不称'公开会面'，称'公开会面'就是不合于正礼的。会面期间还有飨礼这种高级别外交活动，这就太过分了。"

那么，文姜违背正礼跑到齐国，与齐襄公会面，目的是什么呢？考虑到文姜和齐襄公之间的情人关系，一个显而易见的选项是，他们会面是为了行通奸之事。实际上，注解《左传》的经学大师杜预抓住"书，奸也"又一步阐释说，孔子之所以在他编修的《春秋》里把这件事当作国家大事来记载，就是为了暴露文姜和齐襄公之间的奸情。由于《春秋》还记载了前690年、前689年、前687年（两次）文姜和齐襄公会面的情况，杜预和孔颖达进而在后面继续阐发，在这些会面中，如果会面地点在齐国，那么通奸欲望比较强烈的是文姜，所谓"奸发文姜"；如果会面地点在鲁国，那么通奸欲望比较强烈的是齐襄公，所谓"齐侯之志"。

虽然我们无法排除文姜和齐襄公会面时会行通奸之事的可能性，然而，两人会面的主要目的应该是分别作为鲁齐两国首席代表，来商讨改善齐鲁关系的相关国事。支持这个观点的证据有如下六重：

第一，从《春秋》的记载方式和《穀梁传》的批评就可以明显看出，文姜和齐襄公的会面都是高级别的公开会面。前690年"春，王二月，夫人姜氏享齐侯于祝丘"这条在《春秋》中体现得特别明显。因为"享"就是举行飨礼，是一国君主迎接另一国君主或卿大夫到访的高级外交活动，整个过程都是行礼，并不吃喝。如果两人会面主要是为了通奸，是绝无必要公开表演这么一出的。

第二，正如下文会详细叙述的一样，文姜与齐襄公每次会面之后，齐鲁之间必有以齐国为主、鲁国为跟班的联合军事或外交行动。最合理的解释是，这些联合行动是落实文姜与齐襄公在会面时达成的协议。

第三，前688年《春秋》记载，这年冬天，齐国人送了一些讨伐卫国获得的战利品给鲁国，因为当年早些时候，鲁庄公亲自率军参与了齐襄公组织的讨伐卫国行动。《左传》补充说，这次齐国给鲁国这么大面子，是文姜请求的。这是文姜致力于改善齐鲁关系的明证。

第四，根据《春秋》记载，前679年文姜去了齐国、前675年文姜去了莒国、前674年文姜又去了莒国，然后前673年文姜就去世了。一方面，文姜在前709年就嫁给了鲁桓公为夫人，当时至少已经到了及笄的十五岁，因此到前679年时，文姜至少已经四十五岁，是一位还有五年就要去世的中年妇人。另一方面，齐襄公在前686年就去世了，文姜前679年去齐国见到的是齐桓公，而去莒国见到的人就更跟齐襄公没有关系了，也不大可能是她在莒国的秘密老情人。因此，文姜这三次见于《春秋》记载的出国，唯一合理的解释就是她在鲁庄公决心顺服齐桓公的大背景下，重操旧业，从事齐鲁、莒鲁之间的外交活动。

第五，文姜去世之后，不仅获得了谥号，而且还是最高级的"文"。据《逸周书·谥法解》："经纬天地曰文，道德博闻曰文，学勤好问曰文，慈惠爱民曰文，愍民惠礼曰文，锡民爵位曰文。"也就是说，有三种情形可以得到"文"的谥号，第一类是道德，第二类是学问，第三类是政绩。很明显，文姜之所以谥"文"，不可能是因为道德，也不可能是因为学问，而只可能是因为政绩。

第六，《左传》所写"书，奸也"的"奸"，可能根本就不是"男女奸情"的意思。遍检《左传》中的其他"奸"字，有三个意思：（一）通"干"，是"冒犯"的意思，这个意思最常见，有19例[1]；（二）是

---

[1] "奸王之位"（《左传·庄公二十年》）、"子父不奸之谓礼，……违此二者，奸莫大焉"（《左传·僖公七年》）、"祁瞒奸命"（《左传·僖公二十八年》）、"事不奸矣"（《左传·宣公十二年》）、"又奸先王之礼"（《左传·成公二年》）、"奸绝我好"（《左传·成公十三年》）、"奸时以动"（《左传·成公十六年》）、"谁敢奸君"（《左传·襄公十四年》）、"君制其国，臣敢奸之？"（《左传·襄公十四年》）、"国之大节有五，女（汝）皆奸之"（《左传·昭公元年》）、"奸大国之盟"（《左传·昭公五年》）、"吾父再奸王命"（《左传·昭公十三年》）、"是再奸也"（《左传·昭公二十年》）、"携王奸命"（《左传·昭公二十六年》）、"倍奸齐盟"（《左传·昭公二十六年》）、"大事奸义"（《左传·定公元年》）、"众之所为，不可奸也"（《左传·定公元年》）、"臣奸旗鼓"（《左传·定公十四年》）、"乃背晋而奸宋"（《左传·哀公八年》）。

"邪恶""邪恶之人"的意思,有12例❶;(三)有明确定义的罪行,有2例❷。也就是说,"奸"在《左传》里面其他地方没有一处是指男女奸情。实际上,"书,奸也"的"奸",按"奸"的最常见义"冒犯"解释是非常通顺的,意思是说,《春秋》记载此事,是为了讥刺文姜以下犯上,像国君一样抛头露面出席外交活动。

总而言之,六层文献证据表明,文姜在鲁庄公时期获得了一种类似于摄政君的特殊地位,能够代表鲁国在国境内或他国从事元首外交活动,比如说与齐国君主直接谈判。

在这种新的解读框架下,文姜这次代表鲁国来与齐襄公会面,应该是商量如何改善跌至冰点的齐鲁关系。那时,在鲁国内部应该有一派政治势力试图与齐国修复由于鲁桓公暴死而破裂的齐鲁关系,假如我们

---

❶ "下义其罪,上赏其奸""即聋、从昧、与顽、用嚚,奸之大者也"(《左传·僖公二十四年》)、"使民知神、奸"(《左传·宣公三年》)、"离局,奸也"(《左传·成公十六年》)、"今崇诸侯之奸"(《左传·成公十八年》)、"毋保奸"(《左传·襄公十一年》)、"奸回不轨"(《左传·襄公二十三年》)、"奸以事君者"(《左传·襄公二十六年》)、"允姓之奸"(《左传·昭公九年》)、"诘奸慝"(《左传·昭公十四年》)、"吾不可以欲城而迩奸"(《左传·昭公十五年》)、"君子不食奸"(《左传·昭公二十年》)、"是法奸也"(《左传·昭公二十九年》)。
❷ "盗器为奸"(《左传·文公十八年》)、"乱在外为奸,在内为宄"(《左传·成公十七年》)。

称这派为"对齐亲善派"的话，那么文姜无疑是他们的核心人物，而齐襄公领导下的齐国则是他们的强大外援。至于说，她和齐襄公见面时是否还会做不可描述的事情，那就要看她的动机了：若为赎罪，则不应再做；若为内应，那就不好说了（分析详见最后一节）。

那一次的齐鲁会面起到了立竿见影的效果。一个月后，也就是前691年春正月，鲁国卿官公子溺就率领鲁军会同齐军共同讨伐卫国，试图将流亡在外的卫国君主卫惠公送回国复位，不过并没有取得成功。送卫惠公复辟是齐襄公作为"小霸"管控中原国际秩序的重点项目，文姜希望鲁国能跟着齐国重新回到国际舞台，并在合作中逐渐实现齐鲁关系的正常化。

文姜强势，鲁庄隐忍

文姜在为齐鲁关系正常化而积极奔走，那么她的儿子鲁庄公是怎么想的呢？前691年秋天，鲁桓公当年想要力保的纪国由于抵挡不住齐襄公施加的巨大压力，内部发生了分裂，国君纪哀侯的弟弟纪季带着最靠近齐国的纪国郱（xī）邑❶归附了齐国，成为齐国的一个附庸国。就在纪国发生分裂后，年轻的鲁庄公率领军队来到靠近郑国的滑邑❷，然后派使者邀请当年与鲁桓公在国际事务中通力合作的郑厉公，希望能与其会面，谋划如何将纪国从被齐国灭亡的边缘拉回来。毫无疑问，此时拯救纪国，就是跟齐襄公直接作对。

不凑巧的是，如今郑厉公可没工夫念及与鲁桓公的旧交情，他脑子里盘算的头等大事，是如何从他所占据的栎邑❸杀回郑国都城，除掉被权臣拥立的国君郑子婴，夺回他的君位。而郑厉公要想复辟成功，最重要的一步就是获得敢下狠手的"小霸"齐襄公的支持。因此，思路清楚的郑厉公拒绝了鲁庄公的会面请求，鲁庄公无功而返。

从鲁庄公的这次失败的行动我们可以看出，鲁国内部还有另一派政治势力，他们认定齐襄公就是杀害鲁桓公的幕后真凶，主张对齐国采取强硬态度，并且继承鲁桓公的遗志继续参与称霸竞争，我们可以称这派为"对齐强硬派"，而这一派的核心人物无疑就是少年鲁庄公。然而，此时这一派没有任何强大的国家作

---

❶ 郱见图4。
❷ 滑见图3。
❸ 栎见图3。

为外援，在力量上应该是处于下风。

虽然儿子在试图反抗，文姜仍然坚持不懈地全力推进"齐鲁亲善"大业。前690年春二月，文姜在鲁邑祝丘❶举办了通常是本国君主用于接待到访国君和卿大夫的享礼，隆重款待前来鲁国访问的齐襄公，两人又一次见面。如前所述，这次设享礼的祝丘之会除了解读为公开的外交活动之外，实在没有做其他解读的空间。此次会面达成了两项成果：第一，鲁国承诺不再干预齐国吞并纪国的行动；第二，"对齐亲善派"将约束鲁庄公，不让他再跳出来救援纪国，并将在近期把鲁庄公送到齐国参加高层交流活动，争取能早日做通鲁庄公的思想工作。

同年夏天，齐襄公、陈宣公、郑厉公在卫国垂地❷会面。在会上，齐襄公就即将吞并纪国一事向陈、郑两国君主说明情况，取得谅解。随后，实在绷不住的纪哀侯把国家政权让给住在鄑的弟弟纪季，自己则弃国出走，不知所终。齐襄公最终以"报先君大仇"为名吞并了纪国，又对纪国先君遗孀以礼相待，进一步抬高了自己"小霸"这种"恩威并施"的光辉形象。

---

❶ 祝丘见图4。
❷ 垂见图3。

同年冬天，根据文姜－齐襄公祝丘之会的安排，鲁庄公在齐国禚邑与"齐人"（有人说是齐襄公，有人说是齐国大夫）一起狩猎。挑选禚邑地方作为狩猎地点，很可能是具有象征意义的，因为这里是文姜与齐襄公在鲁桓公死后首次公开会面的地方。可以想见，当时鲁庄公应该是被迫参加的。

前689年夏天，齐襄公率军向西进发与诸侯会合，此时，文姜离开鲁国，前往齐军营地，与齐襄公举行了再一次会面。同年冬天，鲁庄公参与齐、宋、陈[1]、蔡[2]联军讨伐卫国，这应该是落实本年夏天齐襄公与文姜在军中会面时达成的共识。鲁庄公很可能是怀着一种复杂的心情参与此事：一方面他不得不与内心认定的杀父仇人齐襄公为伍，但另一方面他可能也想通过参与类似国际政治军事行动来锻炼和提升自己。

前688年夏天，以齐襄公为首的诸侯率军队将卫惠公送回国都。卫惠公把国内的反对派杀的杀，流放的流放，然后坐稳了君位。平定卫国内乱，是齐襄公取得的又一项"小霸"重要成就。这年冬天，在文姜的请求下，齐人将一部分从卫国获得的宝物送给鲁国，

---

[1] 陈见图1、图3、图5。
[2] 蔡（蔡1）见图1、图3、图5。蔡国都城前529年从蔡1迁至蔡2。前493年从蔡2迁至蔡3。

以谋求进一步改善齐鲁关系。

前687年春,文姜与齐襄公在鲁国防邑❶举行了第四次会面;同年冬天,两人又在齐国谷邑❷举行了第五次会面,这两次会面商定,鲁庄公将在第二年率领鲁军与齐军一同讨伐郕(音"成")国❸。

至此,文姜和齐襄公在六年间在公开场合会面了五次,每次会面之后,齐鲁之间必有实质性联合行动,充分体现了文姜"积极务实"的行事风格。

然而,年轻气盛的鲁庄公可不愿意就这样被他的母亲压制住。前686年春正月,鲁庄公率军队在郎地等待陈军、蔡军,应该是想要甩开齐国,转而与陈、蔡两国一同讨伐郕国。然而,陈、蔡最终没来,鲁庄公只得按原计划在夏天与齐军共同讨伐郕国。

令人郁闷的是,郕国求和之后,只向"小霸"齐国投降,完全无视鲁庄公的存在,这可能是因为郕国高层认为,鲁庄公只是个傀儡,实权掌握在"对齐亲善派"领袖文姜手上。当时鲁庄公的兄弟公子庆父请求讨伐齐国军队以表示抗议。鲁庄公倒是很淡定,他说:"不行。是我缺乏德行,齐国军队有什么罪?被郕

---

❶ 防见图4。
❷ 谷见图4。
❸ 郕见图4。

国蔑视的罪过是由于我才产生的。《夏书》说：'皋陶勉力培育德行，德行具备，别人自然降服。'姑且致力于修治德行来等待时机吧！"❶秋天，鲁国军队低调回国。很巧的是（也可能并不是巧合），没过多久，鲁庄公所说的"时机"就真的来了。

文姜退隐，鲁庄奋起

前686年冬十二月，齐国发生内乱，齐襄公被杀，他的堂兄弟公孙无知篡夺了君位。前685年春天，公孙无知又被他旧日部下所杀。此时，齐国陷入无君状态，一路高歌猛进的称霸事业有中途崩溃的危险。此时，齐襄公有两个弟弟在国外，一个是鲁国女子生的公子纠，是君位第一顺位继承人，当时正在鲁国，公子纠的师父是管仲、召忽；另一个卫国女子生的公子小白，是公子纠的弟弟，当时正在莒国，公子小白的师父是鲍叔牙。

在母亲文姜的压制下隐忍已久的鲁庄公得知公孙

---

❶ 《左传·庄公八年》："不可。我实不德，齐师何罪？罪我之由。《夏书》曰：'皋陶迈种德，德，乃降。'姑务修德以待时乎！"

无知的死讯后，立即行动起来，要把自己掌握的公子纠送回齐国即位。与此同时，齐国上卿高氏、国氏也马上派密使前往莒国，召他们所器重的公子小白回国即位。

对鲁庄公而言，如果此次武力干预齐国内政的行动得手，他将得以洗刷君父鲁桓公被齐人害死的奇耻大辱，让鲁国在齐鲁竞争中一举成为占上风的一方。由此可见，鲁庄公心里一直燃烧着继承父亲鲁桓公遗志的火焰，他表面上低调积德，先前还与齐人共同狩猎、共同伐卫，而实际上一直在等待时机"翻盘"制伏齐国，进而争霸中原。与此同时，以文姜为首的"对齐亲善派"由于失去了齐国的外援，已经处于下风。最明显的标志就是，文姜从这时起的六年里都没有在鲁国的内政外交中露过一面。

鲁庄公首先在鲁国蔇（音"既"）地❶召集会议，与倾向于拥立公子纠的一批齐国大夫结盟，然后一面亲自率领军队护送公子纠进入齐国，一面派公子纠的师父管仲率军奔赴齐莒交通要道堵截公子小白。管仲追上了公子小白的车队，一箭射中了公子小白的衣带钩，公子小白顺势倒在车中装死。在管仲离开后，公

---

❶ 蔇见图4。

子小白马上换乘封闭式卧铺车加速前行。管仲将公子小白已死的消息快马加鞭回报给鲁庄公，鲁国送公子纠的队伍因此不急不忙地赶路，花了六天才到达齐国都城附近。此时，公子小白已经抢先进入了国都，在以上卿高傒为首的一批齐国卿大夫的拥立下即位为君，这就是齐桓公。

齐桓公即位之后，立即派出军队与入侵的鲁军在国都附近的干时❶交战。在这场决定性的战役中，鲁军大败，鲁庄公丢下自己的战车，坐着另外一辆快车逃回鲁国。齐桓公趁热打铁，马上派亲信鲍叔牙率领齐军兵临鲁国城下，逼迫鲁国杀死了公子纠，并送回了管仲。奇才管仲回到齐国后，得到齐桓公的重用，开始大刀阔斧地推进全面改革，为称霸事业提供越来越强劲的动力。

前 684 年春天，政局基本稳定的齐国正式派军队讨伐鲁国，逼迫鲁国承认错误，放弃对抗，与齐国讲和修好。然而，鲁庄公不甘心就这样服输，他不顾朝堂上那些理性的"肉食者"卿大夫的反对，大胆任用低级士人出身的曹刿作为军师，在鲁地长勺❷抵抗齐

---

❶ 干时见图 4。
❷ 长勺见图 4。

军，最终取得了胜利。后来，打了"曹刿战法"强心针的鲁军又主动入侵宋国，并且先后在鲁地乘丘❶、宋地鄑（音"资"）打败了前来报复的宋军。然而，鲁国对齐战事在长勺之战后就急转直下，鲁国三战三败，丢失了汶水❷以北的大片土地。前681年，鲁庄公被迫在齐国柯邑❸与齐桓公结盟。至此，鲁庄公继承父亲遗志继续争霸的行动彻底失败。❹

随后，前679年春天，在卫国鄄（音"眷"）邑❺举行的诸侯大会上，各中原主要诸侯国表示愿意尊奉齐桓公为霸主。这是齐桓公称霸的阶段性胜利，为后来周王室正式承认他的霸主地位奠定了国际民意基础。

文姜复出，齐鲁联姻

柯之盟以后，"顺服齐国"成为鲁国基本外交战略，而先前一直在为齐鲁交好而奔走的文姜，则成为

---

❶ 乘丘见图4。
❷ 汶水见图4。
❸ 柯见图4。
❹ 鲁庄公重用曹刿与齐国争霸之事，详见本书《鲁士曹刿》篇。
❺ 鄄见图3。

首席外交使者的不二人选。前679年夏天，自齐襄公去世之后一直沉寂的文姜"重出江湖"，前往齐国。此行应该是代表鲁国与齐桓公会面，商议进一步改善齐鲁关系的具体举措，其中很可能就包括了鲁庄公迎娶齐女、重修两国婚姻之好的相关事宜。此次之后，文姜又在前675年、前674年两次前往莒国，也都应该是出于外交目的。

前673年秋七月，文姜去世。文姜葬礼完全按照先君夫人之礼进行，并获得了"文"的谥号。文姜按礼下葬，并获得第一等的美谥，既是因为鲁庄公想要讨好齐桓公，也是因为文姜本身的确政绩不凡。

到了这时，齐桓公的霸主地位已经稳固无疑，鲁庄公决定抓住上一辈恩怨的当事人（齐襄公、鲁桓公、文姜）都已去世的时机，放下过去，归服齐国。前672年春正月，鲁国大赦。春正月二十三日，安葬先君夫人文姜。秋七月，鲁国大夫和齐正卿高傒在鲁国防邑结盟，应该是商定了两国联姻事宜。冬天，还在母亲丧期内的鲁庄公亲自去齐国送订婚的财礼。

按照礼制的规定，送财礼这件事本来是不可能由君主亲自来做的，而在母亲文姜丧期内也不应该图谋娶新妇之事。但是，鲁庄公如此热切地谋求与齐国交好，这应该是他母亲在天之灵愿意看到的。

救赎vs内应，动机成谜

文姜应该是有传世文献记载的中国第一位女外交家。如果中国古代有因公护照的话，文姜也应该是护照上出入境记录章最多的一位国君夫人。如何看待文姜在其夫鲁桓公死后的政治人生？简单说，有两个可能性：

一、将功赎罪。也就是说，文姜为自己犯下的罪过感到悔恨，经过犹豫挣扎之后，在鲁庄公二年（前692年）决定回到鲁国将功赎罪，勇敢地挑起了摄政君和首席谈判代表的重担，在认清鲁国不可能胜过齐国的现实前提下，通过坚持不懈的外交努力，最终促使齐鲁关系恢复正常，重修姻好。

二、执行任务。也就是说，文姜在前692年从齐国回到鲁国，并不是想要将功赎罪，而是受她的哥哥兼情夫齐襄公指派，成为鲁国内部"对齐亲善派"的核心人物，执行齐襄公的对鲁战略——驯服鲁庄公，使鲁国成为齐国的"小弟"，助力齐襄公成就霸业。按这种思路，文姜在前687年复出，自然也是为齐桓公的称霸战略服务。

行文至此，笔者不禁想代表千百年来为这段历史感到困惑的读书人，向文姜夫人发问：两千多年前，到底是什么样的信念,促使你走出深宫,风尘仆仆地在齐鲁大地上奔走?收到请回答!

【丙寅】

鲁士曹刿：从民间奇才到庙堂肉食者

前684年，主动请缨的低级士人曹刿指挥鲁国军队在长勺"一鼓作气"大败齐国军队，史称"长勺之战"。根据中学语文老师对《曹刿论战》的标准解读，曹刿无疑是一位具有卓越政治头脑和军事才能的民间奇才，而长勺之战则是弱国抵抗强国侵略的正义之战。然而，事实真是这样吗？

长勺之战的真实背景

首先，《左传》写"齐师伐我"，意味着齐国军队是正大光明、鸣钟击鼓地攻打鲁国，声讨鲁庄公先前对齐国所犯下的"罪行"。鲁庄公犯下的"罪行"很严重：他在一年前齐国内乱之时亲自率军入侵齐国，试图扶植鲁女所生的公子纠即位为君，还派公子纠的师父管仲去截杀竞争者公子小白（后来的齐桓公）。齐桓公即位后，马上组织了一场抵抗鲁军侵略的战役，在齐都附近的干时（时水干涸之处）大败鲁军，鲁庄公落荒而逃。此后，齐国马上出兵一直打到鲁都城下，逼迫鲁国处死了公子纠，并交出了"罪犯"管仲。当然，管仲一回国，就得到了齐桓公的重用，开始在齐国推进全面改革。

所以，前684年这次齐师伐鲁的目的，是要迫使鲁庄公正式认罪求和，宣誓不再与齐国为敌。在曹刿进宫之前，"肉食者"们（工作餐有肉吃的卿大夫们）应该已经跟鲁庄公开会研究过是否出兵抵抗的问题，而鲁庄公应该就是在这次会议上表达了自己"将战"的意图。"肉食者"们应该是主张求和，君臣双方产生了矛盾，这才给主战的曹刿入宫进言提供了契机。

如果从春秋时期的政治常识来考虑的话，鲁国选择迎战还是求和，主要应该看这三个方面：

第一，鲁国是否占理？答案是否定的，因为整个事情的起因是鲁国入侵齐国、干涉齐政、谋杀齐君，而且一直没有正式认罪，这次是齐国有理、鲁国理亏。

第二，鲁国的经济军事实力是否强过齐国？答案也是否定的，因为齐国在齐襄公时期就比鲁国强大，而齐襄公去世后的高层内乱并未损伤齐国实力。

第三，先前齐鲁交战，鲁国是否占上风？答案还是否定的，因为鲁国去年（前685）在干时惨败，后来又被齐军攻入国境。

"肉食者"们可能正是基于这种理性务实的"近谋"，得出了"应该求和"的结论。

然而，这时鲁庄公的心智被一种不愿服输的执念给牢牢攫住了。他在以生母文姜为首的"对齐亲善派"

的压制下已经隐忍了十年❶，实在是不愿意放弃这个宝贵的"翻盘"机会。他想要继续斗争下去，为当年在齐国暴毙的君父鲁桓公报仇，并且继承君父遗志与齐国争霸。鲁庄公内心真实想法当然是"将战"，但是鲁国与齐国在硬实力上的差距也的确让他感到纠结。

奇才曹刿的洗脑话术

正在此时，热衷于研究军事的士人曹刿得知了朝堂上的对峙状况。他对自己的朋友们宣称，朝堂上那些"肉食者"们都很鄙陋，唯独自己这个民间奇才有"远谋"，自己要进宫给鲁庄公指点迷津。曹刿很清楚，陷入孤立的鲁庄公此时最需要来自他人的奉迎和怂恿；如果能鼓励鲁庄公出战，自己将得以一展才华、成就功名。

鲁庄公先前正是听从了"肉食者"施伯的建议才放走了奇才管仲，所以，此时的鲁庄公很可能以"不可再错过本土奇才"为理由，打破常规召见了在公宫外请求进见的曹刿。不然的话，在鲁国这样严守周礼

---

❶ 关于文姜压制鲁庄公的情况，详见本书《齐女文姜》一文。

等级制度的诸侯国，身为下级士人的曹刿是不可能有机会面见鲁庄公陈情的。

按照《左传》的记载，曹刿和鲁庄公见面之后，有如下的问答：

> 曹刿问鲁庄公凭借什么迎战齐军。
>
> 鲁庄公说："我所喜爱的衣服饮食，不敢专有独享，一定要分给身边的人。"曹刿说："这类小恩小惠不可能遍及广大民众，民众不会因此服从的。"
>
> 鲁庄公说："祭祀用的牲畜、玉帛，我不敢妄自增加来粉饰太平，一定以诚信的态度对待神灵。"曹刿说："祝史祭祀时这点小诚小信也不能取信于神灵，神灵并不会降福保佑。"
>
> 鲁庄公说："大小刑狱案件，我即使不能保证明察秋毫，也一定尽力按照实情进行裁断。"曹刿说："这是算得上忠于职守的善行，可以凭借这个与齐国一战。等到交战的时候，我就请求跟随

您。"❶

《左传》里记载的这段对话非常值得玩味。

见了鲁庄公,曹刿一开口就不同凡响——他没有按照"君问臣对"的正常套路来为鲁庄公分析战与和的利弊,而是反过来"臣问君对",要求鲁庄公自己说凭什么与强大的齐军作战。

首先,通过这样一个翻转,他这个士人"军迷"一下子成了居高临下评点君主的"上师",在心理上已经占据了上风。第二,曹刿如果在战前就把"两军击鼓时使诈"的战术方案说出来,鲁庄公是不可能相信的(因为即使在鲁国战胜之后,鲁庄公也是听了曹刿讲解才明白);而基于硬实力的理性分析又必然会推导出"应该求和"的结论,所以曹刿也只能让鲁庄公自己说,然后随机应变。

接下来,鲁庄公在曹刿的诱导下说出了"善待身边官员""依礼对待鬼神""据实审理案件"三条理由。冷静地看,它们都是鲁庄公搜肠刮肚硬凑的"好人好

---

❶ 《左传·庄公十年》:(曹刿)问:"何以战。"公曰:"衣食所安,弗敢专也,必以分人。"对曰:"小惠未遍,民弗从也。"公曰:"牺牲玉帛,弗敢加也,必以信。"对曰:"小信未孚,神弗福也。"公曰:"小大之狱,虽不能察,必以情。"对曰:"忠之属也。可以一战。战则请从。"

事"，根本不足以证明鲁国能取得眼前这场战斗的胜利，如果在"肉食者"面前说出来只会遭到批驳和嘲笑。鲁庄公其实也清楚，鲁国硬实力不济，所以也只好拿"君主善行"这种软实力来碰碰运气。曹刿敏锐地捕捉到了鲁庄公的意图，于是顺水推舟，从这三类事迹中"以小见大"提炼出"惠""信""忠"三项君德，然后用"国君有德就能抵御强敌"的"远谋"来奉迎和怂恿鲁庄公。

曹刿之所以会选择最后一个理由"据实审理案件"并大加吹捧，不是因为这个理由本身有什么特别，而是基于下面两个原因：第一，直接选第一个"善待身边官员"进行吹捧的话，很明显是"鲁庄公说什么就是什么"，这样就会暴露自己奉迎鲁庄公、怂恿他出战的真实目的。第二，人在为自己辩护时，说出的第一个理由肯定是最强的，越往后越是凑数。否定鲁庄公自认为最强的理由，而肯定他自认为最勉强的理由，会让鲁庄公觉得曹刿绝不是在迎合自己，而是真有高见。

因此，曹刿要故意摆出一副"这个不行，再想一个"的"上师"姿态，逼迫鲁庄公再多说两个，达到"事不过三"后，再围绕第三个理由来进行吹捧，将其中蕴含的君德拔高成足以出战的"大德"。

实际上，曹刿无法知道鲁庄公的三个理由分别会是什么具体内容，他也不需要知道。鲁庄公最后说的是"据实审理案件"，曹刿就说，这是"忠之属也，可以一战"。如果鲁庄公最后说的是"善待身边官员"，曹刿就会说这是"惠之属也，可以一战"；如果鲁庄公最后说的是"依礼对待鬼神"，曹刿就会说这是"信之属也，可以一战"。反过来说，如果鲁庄公第一个说的就是"据实审理案件"，曹刿就会用"小忠未遍，民弗从也"将其否定，让鲁庄公再说两个。

总而言之，曹刿通过否定前两个理由显示出自己绝不是曲意奉迎，通过夸大第三个理由来迎合国君想要抓"救命稻草"的心理，把凑巧撞上的"忠"德封为鲁庄公需要的那根"救命稻草"。这种针对鲁庄公心理"量身定做"的话术，无疑俘获了鲁庄公的心。

在此基础上，曹刿又说"战则请从"，也就是告诉鲁庄公，自己不仅能庙堂论战，还能临阵指挥。从《左传》记载看，曹刿并没有任何指挥国家军队作战的成功经验，也没有向鲁庄公陈述任何具体战术方案，而鲁庄公竟然就放心任用他指挥这次战斗。很明显，曹刿"有德就能抵御强敌"的理论贴合了鲁庄公自己本来就有的侥幸心理，使得鲁庄公不但重拾信心决定出战，还决定豪赌一把，让这个没有任何实操记录的士人奇才全权指挥战斗。一言以蔽之，鲁庄公在长勺之战前已经被曹刿初步"洗脑"了。

军师曹刿的制胜诈谋

曹刿敢于请求指挥此次战斗，说明他心中必然已经有了胜敌之策。曹刿的真实策略是：硬实力不济的情况下，鲁军战胜的唯一出路就是靠榨取软实力——当然绝不是什么通过公正审理案件体现出来的"忠"德。鲁国是西周开国功臣、制礼作乐总设计师周公旦的封国，在诸侯中守周礼最为谨严，这就包括交战时守军礼、讲规矩。在曹刿看来，鲁国"谨守周礼"的国际声誉就是可以榨取出军事价值的软实力。说得直白一点，就是从不耍流氓的老实人突然开始耍流氓，头一回肯定能占到便宜。

根据《左传》的记载，在随后的长勺之战中：

> 鲁庄公与曹刿一起乘车迎战，齐鲁两军在鲁地长勺摆开了阵势。鲁庄公准备击鼓，曹刿说："不要击鼓！"齐人击鼓到了第三次，曹刿说：

"可以击鼓了！"于是两军击鼓交战，齐军大败。

鲁庄公准备率军追击，曹刿说："不要追击！"他在车上向下看齐军战车留下的车辙，又登上战车前方的横杠、手扶车盖远眺齐军，然后说："可以追击了！"于是鲁军追击齐军，进一步扩大了战果。❶

根据周代军礼，两支战车部队正面遭遇，交战双方必须同时击鼓，车兵才能冲锋交战。因此，曹刿指挥的鲁军就是通过违背"双方同时击鼓然后同时进军"的军礼，取得了气势上的优势，从而赢得了战斗的胜利；而齐国之所以失败，就是因为齐人根本没料到自己撞上了鲁国第一次在战场上"耍流氓"。

战胜后的鲁庄公，就像一个绝地翻盘大赚一笔的赌徒，一方面自信心爆棚，另一方面也非常感激和崇拜曹刿。之前一直没有透露战术思想的曹刿此时趁热打铁，为鲁庄公做了这样一场"化诡诈为高明"的战术思想分析：

---

❶ 《左传·庄公十年》："公与之乘，战于长勺。公将鼓之，刿曰：'未可。'齐人三鼓，刿曰：'可矣。'齐师败绩。公将驰之，刿曰：'未可。'下视其辙，登轼而望之，曰：'可矣。'遂逐齐师。"

曹刿说："作战，靠的是勇气。第一次击鼓振作勇气，第二次时就衰减了，第三次时就穷竭了。对方三次击鼓后勇气穷竭，我们首次击鼓勇气充盈，所以打败了他们。大国（指齐国）难以捉摸，担心有埋伏。我察看他们的车辙混乱，远望他们的旗帜倒伏，确认不是假装撤退，所以建议追击。"❶

首先，他绝口不提鲁军靠违礼使诈取胜的事实，而是抓住"勇"这个褒义概念做文章，阐述了"积蓄勇气是胜利关键"的战术思想。其次，他绝口不提鲁军靠自身诡诈难测取胜的事实，反过来强调齐国诡诈难测，阐述了"胜而不骄、谋定而后动"的战术思想。

这番论述说得正义凛然，有条理、有洞见，让曹刿的"神机军师"形象在鲁庄公心目中定型。当然，曹刿在这时绝不会去分析鲁庄公通过公正审理案件所体现的"忠"德与此次战斗胜利之间有怎样的关联，因为两者之间根本就没有任何关联。

至此，曹刿的军事才能已经得到了实战验证，他

---

❶ 《左传·庄公十年》："对曰：'夫战，勇气也。一鼓作气，再而衰，三而竭。彼竭我盈，故克之。夫大国，难测也，惧有伏焉。吾视其辙乱，望其旗靡，故逐之。'"

在战前表现出的"迷之自信"被证明不是狂妄，而是奇才本色。就这样，一个血气方刚、不愿认输的年轻君主，和一个自恃远谋、想以鲁国为赌本大干一场的士人奇才正式结成了联盟，开始一起做一场"战胜齐国、成就霸业"的春秋大梦。至此，鲁庄公已经被曹刿彻底"洗脑"。

从心理学的角度来看，曹刿在战前克服了自己身份地位低、无实操经历的硬实力劣势，利用鲁庄公"病急乱投医"的非理性心态，以诈谋话术俘获了国君的信任；在战场上又克服了鲁军不占理、不强大、刚战败的硬实力劣势，利用齐人认为鲁人必然守礼的惯性心理，以及延后击鼓出战能积蓄气势的战场心理，以诈谋战术赢得了战斗的胜利。"实力不强，攻心为上"，这就是曹刿制胜诈谋的实质。

曹刿的军事和政治理论水平

根据上海博物馆藏战国楚简《曹沫之陈》记载，大概就在长勺之战胜利之后，鲁庄公与曹刿（即曹沫）进行了多次推心置腹的长谈。在这几次长谈中，曹刿充分展现了自己多年潜心研究的行军作战之法和治国理政之道，大致包括如下几个方面：

一、军事战略思想

包括国内和谐之道、备战和谐之道、布阵和谐之道、善攻者之道、善守者之道，以及最高级的显明之道。比如：

> 曹沫回答说："……战争有更显明的道理，那就是：不靠战斗本身而是靠战前部署来克敌。"
>
> 鲁庄公问："不靠战斗本身而是靠战前部署来克敌，要怎样做？"
>
> 曹沫说："敌人的兵器不磨砺，我方的兵器一定要磨砺。敌人的甲胄不够坚固，我方的甲胄一定要坚固。敌人派遣士，我方就派遣大夫。敌人派遣大夫，我方就派遣将军。敌人派遣将军，我方国君就亲自上阵。这就是战争的显明道理。"❶

也就是说，曹刿在用"不靠战斗本身而是靠战前

---

❶ 上博简四《曹沫之陈》：（曹沫）答曰："……战有显道：勿兵以克。"庄公曰："勿兵以克奚如？"答曰："人之兵不砥砺，我兵必砥砺。人之甲不紧，我甲必紧。人使士，我使大夫。人使大夫，我使将军。人使将军，我君身进。此战之显道。"

部署来克敌"的"显明道理"吊起鲁庄公的胃口后，给出的答案却是一段"正确的废话"：如果你的兵器比对方锐利，甲胄比对方坚固，派出的官兵档次比对方高，你就能得胜。简而言之，"使诈只能一时爽，最终还得靠实力"。实际上，这段"正确的废话"已经暗示了鲁国与齐国争战最终会失败，因为齐国的经济、军事、人力资源整体实力比鲁国要强大，而且这个差距会因为管仲改革的推进而越拉越大；鲁国也许在某次特定战役中能够聚集起优势力量取得胜利，但齐国兵器比鲁国锐利、甲胄比鲁国坚固、派出的将士档次比鲁国高的情况肯定是大多数。我们可以想象，在曹刿率领鲁军与齐军交战屡次失败之后，他就可以用上面这段理论为自己开脱。

二、军事战术思想

包括我方出兵的时机、我方三军"散果"的时机、我方发动战斗的时机、两军开战后的制胜关键、我方大败之后再战的方法、敌我双方战况胶着之后再战的方法、敌我双方大战之后再战的方法、敌我双方苦战之后再战的方法。比如：

> 鲁庄公又问："战况胶着之后再战，有方法

吗？"

曹沫回答说："有。已经交战过后，重新备战，号令军中：'修缮甲胄，磨利兵器，明日要再战。'厮徒做饭，来慰劳已编入战斗行列的战士；已经失去车甲的战士，命令他们不要再归入战车的行列，明天将要战斗，让他们列在军队行列前面。又安排我方的间谍来告诉我方将士说'敌人的将帅都受伤了，车辇也都坏了'，说要早点进攻。于是命令没有受过战斗训练的新兵：'一早吃饱饭，载运兵器，各自运好你们的货物。'开战之后要衡量其功过，不要懈怠，不要使民众疑惑。等到您战前龟卜占筮时，无论实际情况如何，都说卜筮结果是'胜利'以鼓舞将士，改换您鼓面的蒙皮，整理好军备。明日回师再战，一定会越过前日盘战胶着的地点。这就是战况胶着之后再战的方法。"❶

---

❶ 上博简四《曹沫之陈》：庄公又问曰："复盘战有道乎？"答曰："有。既战复豫，号令于军中曰：'缮甲利兵，明日将战。'则厮徒炀，以盘就食；失车甲，命之毋行，明日将战，使为前行。谍人来告曰'其将帅尽伤，车辇皆哉'，曰将早行。乃命白徒：'早食輂兵，各载尔藏。'既战将量，为之毋怠，毋使民疑。及尔龟筮，皆曰'胜之'，改冒尔鼓，乃秩其备。明日复阵，必过其所。此复盘战之道。"

曹刿认为，在两军第一天交战战况胶着的情况下，要安排鲁军的间谍假装到敌军营垒侦察，然后回来告诉鲁军将士说，敌军的将帅都受伤了，战车也都坏了，最好早点进攻；在战前龟卜占筮的时候，无论实际结果如何，都说卜筮结果是"胜利"。这样做的目的很明显，都是为了鼓舞将士第二天奋勇作战。这些以诈谋操纵士兵心理的做法，与曹刿在长勺之战时所使用的诈谋颇有异曲同工之妙。

三、治国理政思想

包括亲近之道、和睦之道、正义之道、三代成功之道。比如：

> 鲁庄公问："亲近要怎么做？"
> 曹沫回答说："君主不要怕亲自操劳，来观察上下的真情假意；匹夫寡妇的狱讼，君主一定要亲自审听。君主所知道的或许有所不足，但是不会不公正，那么民众就会亲近。"❶

---

❶ 上博简四《曹沫之陈》：庄公曰："为亲如何？"答曰："君毋惮自劳，以观上下之情伪；匹夫寡妇之狱讼，君必身听之。有知不足，无所不中，则民亲之。"

关于如何做到"亲近"的建议，曹刿其实是把鲁庄公自己的理念——"大小刑狱案件，我即使不能保证明察秋毫，也一定尽力按照实情进行裁断"——拿过来教鲁庄公。不过，这里曹刿又把这一条归结为"亲"，而不是"忠"，进一步说明，千万不要把曹刿在长勺之战前说的那番话太当真。

鲁庄公问："正义要怎么做？"

曹沫回答说："陈列功绩，崇尚贤能。有能力治理百人的，让他当百人的官长；有能力治理三军的，让他做三军的主帅。官职要授予有知识、有能力的人，那么民众就会认为君上遵行正义。而且我听说：'士卒有长，三军有帅，国家有君，这三者是作战的主心骨。'因此做民众君长的人，不要舍不得把爵位赐给有功之人，不要干预军队的具体作战，不要逃避自己的罪过，要用这种态度来督导对国家民众的教化。" ❶

---

❶ 上博简四《曹沫之陈》：庄公又问："为义如何？"答曰："陈功尚贤。能治百人，使长百人；能治三军，使帅。授有智，予有能，则民义之。且臣闻之：'卒有长，三军有帅，邦有君，此三者所以战。'是故长民者毋摄爵，毋御军，毋避罪，用都教于邦于民。"

这段最令人瞩目的观点是"有能力治理百人的，让他当百人的官长；有能力治理三军的人，让他做三军的主帅。官职要授予有知识、有能力的人，那么民众就会认为君上遵行正义"。当时，鲁国的高级卿大夫都是根据宗法制度靠血缘获得世袭官位的卿大夫家族成员，在这样的背景下，曹刿提出要完全以知识、能力来作为选拔任用官员的标准，即使是三军主帅的职位也不例外。这是像他这样没有贵族家世背景，却有知识、有能力的低级士人的共同诉求。

鲁庄公问："我听说：'一句话可以让三军都劝勉，一句话可以让三军都勇往直前。'有这种话吗？"

曹沫回答说："有。'只注意祭祀鬼神，而轻忽武事，不是教民之道。'君主应该知道，这是先王传下来的最高道理。"

鲁庄公说："……我很想听听夏商周三代之所以成功的原因。"

曹沫回答说："臣下听说：'从前三代明王兴起得到天下，是根据他们各自所处的世代，以及他们自身的修为。'现代与古代或许有所不同，臣因此不敢用古代的情况来答复君主。但是古代也有普适的大道理，那就是：一定是以恭敬节俭得到天下，而以骄傲泰侈失去天下。君主应该要好好地听听夏禹、商汤、夏桀、商纣兴亡的道理。"❶

当庄公问曹沫有没有一句口号可以"让三军都劝勉""让三军都勇往直前"时，曹沫提出来一句"只注意祭祀鬼神，而轻忽武事，不是教民之道"，还说这是"先王传下来的最高道理"。可是，这句话说出来哪里像"最高的道理"，哪里会有半点激励三军的效果呢？我们可以想见，曹沫这个钻研了一些军事战略战术、自我感觉特别良好，但并没有多少执政经验和深谋远虑的士人在面对君主提出的宏大问题时"黔驴技穷"的窘态。鲁庄公还不死心，又问他三代成功的原因，而曹沫回答的"一定是以恭敬节俭得到天下，而以骄傲泰侈失去天下"也真的可以说是"卑之无甚高论"。

总而言之，通过分析《曹沫之陈》这篇全面展现

---

❶ 上博简四《曹沫之陈》：庄公又问曰："吾有闻之：'一出言三军皆劝，一出言三军皆往。'有之乎？"答曰："有。'盟盍鬼神，忽武，非所以教民。'唯君其知之。此先王之至道。"庄公曰："……吾一欲闻三代之所。"曹沫答曰："臣闻之：'昔之明王之起于天下者，各以其世，以及其身。'今与古亦间不同矣，臣是故不敢以古答。然而古亦有大道焉：必恭俭以得之，而骄泰以失之。君其亦唯闻夫禹、汤、桀、纣矣。"

曹刿军事和政治思想的新出土文献，笔者得出的结论是：

1. 曹刿是一位有一定政治意识的军事专才，但并不是一位文武兼备、内外融通的称霸全才；

2. 曹刿在军事战略战术方面的确有不少独到见解，但是在内政治理策略方面基本上就是"低级士人熟知的周代政治传统思想"和"低级士人渴望的阶层跨越革新思想"的混合，没有一个像样的内政改革计划。与他的对手管仲以"叁其国而伍其鄙""定民之居成民之事""相地而衰征""三选举拔人才""作内政而寄军令""官山海"为主要举措的内政改革方案相比差距太大，完全不在同一个数量级上。

然而，对当时的鲁庄公来说，曹刿前面阐述的军事战略战术已经让他佩服得五体投地；而后面说的那些其实并不高明的治国理政之道，在鲁庄公听来也是符合"先王之制"的正道。

鲁庄公接下来采取的整体策略就是：一方面重用曹刿作为军师，指导鲁军运用"曹氏战法"来进行武力争霸；另一方面尽自己的能力，按照四平八稳的"先王之制"来勤政爱民。鲁国从此进入了一种内政层面"励精图治"、军事层面"出奇制胜"的争霸状态。

从《曹沫之陈》的记载来看，曹刿非常清楚，虽然靠使诈可以改变某次战斗的结果，但鲁国与齐国武力争霸最终的结果还是要看两国经济军事硬实力的对比。如果是这样的话，那硬实力较弱的鲁国岂不是必败？那倒也未必。曹刿的盘算应该是：第一，先靠诈谋赢得一两场战斗的胜利，把鲁国拖入争霸战争，让自己得以施展才华；第二，用战争的压力激励鲁庄公修明内政，最大限度地动员鲁国的经济军事能力投入争霸事业；第三，指望着力度颇大、前无古人的管仲改革事业会"翻车"。实际上，管仲改革刚启动时，的确遭到了齐国既得利益集团的激烈反对。根据《韩非子·南面》的记载，当时管仲出行都需要重装兵车保护以防备刺杀。

"君子居易以俟命，小人行险以侥幸"，曹刿就是典型的"行险以侥幸"的小人。可惜的是，小奇才曹刿在齐国的对手是大奇才管仲。管仲改革并没有"翻车"，经济军事实力迅速增强的齐国再没有给他侥幸的机会。

"曹氏战法"的冰火两重天

鲁国在长勺之战击退齐国之后，又马上主动出击入侵宋国。这应该是出于曹刿的怂恿，因为仗打得越大，曹刿施展自己才华的机会就越多。前684年夏六月，先后被鲁国打败的齐军、宋军前来报复，打到了鲁都近郊的郎邑。这时，鲁大夫公子偃请求出战，鲁庄公没有答应。公子偃就在夜晚私自出城，率领一支军队蒙上老虎皮偷袭宋军。鲁庄公得知后，也将计就计率军跟进，在乘丘大败宋军。齐军见势头不妙，于是班师回国。从这次郎之战的情形可以看出，自从曹刿在长勺之战中以诈谋取胜之后，鲁军中出现了一种藐视君威、想干就干、热衷于靠诈谋取胜的风气，而一心争霸的鲁庄公对这种风气采取了一种默许甚至迎合的态度。

接连战胜齐国、宋国之后，鲁庄公对自己的整体战略有了更大的信心。从此之后，内政基本面并没有什么实质性提升的鲁国走上了靠"曹氏战法"在东北（对齐）、西南（对宋）两线作战的穷兵黩武之路。

前683年夏五月，宋国为报复去年乘丘战败而入侵鲁国，鲁庄公在鄑地率军抵御。这一回，宋军还未列阵完毕，鲁军就"抢跑"发动冲锋，再一次出其不意大败宋军。从作战风格来看，此次战斗应该又是曹刿指挥的。

然而，依靠"花式"使诈获得战术优势的"曹氏战法"对于宋国虽然管用，但对于实力强大、思路灵活、人才济济的齐国却不再奏效。据《史记·刺客列传》记载，这位"神机军师"再也没有重现长勺之战的奇迹，鲁军在接下来的对齐战争中三战三败，丢失了汶水以北的大片领土。最终，在前681年冬天，鲁庄公被迫前往齐国，在柯邑与齐桓公会盟讲和。

刺客曹刿的无耻勒索

《史记·刺客列传》记载了柯之盟现场发生的惊险一幕：

> 齐桓公和鲁庄公在坛上完成盟誓之后，曹沫（即曹刿）突然手持匕首劫持了齐桓公。齐桓公左右没人敢动，问："你想做什么？"曹沫说："齐国强、鲁国弱，但是大国侵犯鲁国也太过分了。如今鲁国城墙坏了就会压在齐国边境上，贵国君主请好好盘算一下！"齐桓公于是答应全部归还侵占的鲁国土地。齐桓公许诺之后，曹沫扔下匕首，跑下土坛，面向北站在群臣里，面色不改，正常说话。

齐桓公很恼怒，想要背弃刚才的约定。管仲说："不可以。贪图小利以求自己痛快，将会在诸侯面前抛弃信用，从而失掉天下的援助。不如按约定把土地给他。"于是齐桓公最终放弃了侵占的鲁国土地，把曹沫三次战败丢失的土地都还给了鲁国。❶

暴力劫持、勒索齐桓公，是曹刿为了挽回"曹氏战法"给鲁国造成的巨大损失而采取的一次狗急跳墙式的无耻行动，而曹刿也因此成为《刺客列传》中记载的第一位刺客。鲁国虽然收回了失地，但自身"谨守周礼"的国际声誉遭到进一步的破坏，而且曹刿这种歇斯底里的行径充分暴露出这样一个事实：齐国才是有实力、有胸怀的大人，而鲁国在齐国面前就是个输不起、输了就撒泼打滚的孩子。更让鲁国绝望的是，在管仲的沉着处置下，这次劫持事件被巧妙地转化成

---

❶ 《史记·刺客列传》："齐桓公许与鲁会于柯而盟。桓公与庄公既盟于坛上，曹沫执匕首劫齐桓公。桓公左右莫敢动，而问曰：'子将何欲？'曹沫曰：'齐强鲁弱，而大国侵鲁亦甚矣。今鲁城坏即压齐境，君其图之！'桓公乃许尽归鲁之侵地。既已言，曹沫投其匕首，下坛，北面就群臣之位，颜色不变，辞令如故。桓公怒，欲倍其约。管仲曰：'不可。夫贪小利以自快，弃信于诸侯，失天下之援，不如与之。'于是桓公乃遂割鲁侵地，曹沫三战所亡地尽复予鲁。"

【丙寅】鲁士曹刿：从民间奇才到庙堂肉食者

为一场树立齐桓公霸主形象的"路演",齐国从中获得的战略利益其实远远大于得而复失的鲁国土地。也就是说,齐国才是这次盟会真正的大赢家。

最终,"肉食者"们当年的求和"近谋"被证实是正确的"远谋",而曹刿靠诈谋甚至恐怖活动武力争霸的"远谋"被证实是导致鲁国在军事上彻底失败、在国际声誉上严重受损的"乱谋"。曹刿这个奇才到底给鲁国带来了什么,到这时已经非常清楚了。

曹刿终成"肉食者"

至此,鲁庄公企图通过重用奇才曹刿与齐国争霸的计划彻底破产,他也终于从自己和曹刿共同编织的梦境中醒了过来,决心放弃争霸幻想,转而谋求与齐国联姻修好,从而在齐桓公的仆从国体系中占据一个对鲁国最有利的位置。前672年,齐鲁商定了两国联姻事宜。同年冬天,鲁庄公亲自去齐国送订婚财礼。前671年夏,鲁庄公应邀到齐国观摩祭祀土地神大典暨阅兵仪式。

这时候,已经十年不见于历史记载的曹刿又站了出来,他一本正经地劝鲁庄公说:"不可以。礼制,是用来整顿民众的。所以诸侯集会是用来训示上下间的规则，制定向周王交纳财用的标准；朝见周王、友邦国君是用来端正班次爵位的大义，遵循长幼的次序；征伐是用来讨伐不守礼的行为。诸侯朝见周王，周王巡视诸侯，是郑重演习这些礼制的场合。如果不是这些情况，君主是不能轻举妄动的。君主的举动一定会被史书记载下来。记载下不合法度的举动，后嗣看到的是什么？"❶

这回鲁庄公没有采纳他的意见。值得注意的是，曹刿的谏言立场端正，开口闭口都是礼制法度，与他先前靠破坏军礼来克敌制胜的思路判若两人。这说明，此时的曹刿已经"野鸡变凤凰"挤入了鲁国的卿大夫序列，成为一位"肉食者"，于是也就模仿着其他"肉食者"的路数，说起守礼持正的话来。一言以蔽之，曹刿这个当年嘲笑体制内人士"未能远谋"的人，最终也被"体制化"了。

前671年的这次劝谏，是曹刿留在史书上的最后

---

❶ 《左传·庄公二十三年》："不可。夫礼所以整民也，故会以训上下之则，制财用之节；朝以正班爵之义，帅长幼之序；征伐以讨其不然。诸侯有王，王有巡守，以大习之。非是，君不举矣。君举必书，书而不法，后嗣何观？"

一笔记载。两百多年后，前457年，就在晋国❶、楚国这两大争霸巨头打算全面停战的关键时刻，楚康王为了在停战后占据更有利的战略地位，突然出兵攻打夹在两大国中间的郑国。郑国高层为了是否要抵抗而争论不休，卿官子产说了这样一段话，得到了执政卿子展的赞同："晋国、楚国即将平息争端，诸侯即将讲和，楚王因此出于贪昧来这么一趟。不如不抵抗，让楚王得胜而归，捞得最后一个筹码，这样晋、楚和谈就容易成功。那些主战派小人的本性，就是要寻找机会显示血气之勇、盼望出乱子以求捞取私利，来满足自己的心性、成就自己的名声，这种人的主张不符合国家的利益。为什么要听这些人的？"❷

此时曹刿如果地下有知，听到子产的这番话，恐怕会莞尔一笑说："子产揭批的主战派小人，不正是当年踌躇满志闯入公宫、怂恿鲁庄公与齐国争霸的我吗？"

---

❶ 晋（晋2）见图1、图2、图3、图5。晋国都城前585年从晋1迁至晋2。
❷ 《左传·襄公二十六年》："晋、楚将平，诸侯将和，楚王是故昧于一来。不如使逞而归，乃易成也。夫小人之性，衅于勇、啬于祸，以足其性而求名焉者，非国家之利也。若何从之？"

【丁卯】

狂人宋襄：信天追梦的商王后裔

"我们不是宋襄公，不要那种蠢猪式的仁义道德。"毛泽东在《论持久战》中作的这句评价，基本上就是当今大多数人对宋襄公这位春秋时期宋国君主的标准看法。然而，宋襄公是蠢猪吗？他在泓水之战中所恪守的，是周代的仁义道德吗？

宋襄公"闪亮登场"

在讲述宋襄公这个奇葩君主之前，我们先要说说宋国这个奇葩国家。西周初年，周王室在平定了商纣王之子武庚发动的东土叛乱之后，将顺服周朝的商纣王庶兄微子启分封在今天的河南商丘地区，建立宋国，以安抚商朝遗民，稳定东土局势。为了体现对前朝王室的优待，周王室特许宋公室使用商王室礼乐，而且在级别上不把宋国当低一级的"臣"，而是当作身份相当的"客"来对待。身为商王后裔，从小接受商王室历史文化教育，熟悉并尊崇商代礼制，是正确理解宋襄公的第一个关键因素。

公元前652年底，宋桓公病重。嫡长子太子兹父坚决请求说："公子目夷更年长，而且很有仁德，君父请立他做国君吧！"宋桓公竟然就答应了，于是叫来庶长子公子目夷。公子目夷坚决拒绝，说："太子能以国相让，还有比这更大的仁德吗？臣下完全比不上，况且废嫡立庶不符合礼法。"第二年春天，宋桓公去世，太子兹父即位，就是宋襄公。他任命自己的庶兄公子目夷为左师❶，励精图治，宋国政治从此焕然一新，成为诸侯国中令人瞩目的"先进典型"。

宋襄公在即位前后的举动，已经透露出此人的两个特点：

第一，宋襄公颇有仁德，敬重贤良，甚至能够以国相让，这与周代的道德是完全契合的。但是，后面我们会看到，他所信仰并践行的道德其实有两个来源，其中一部分是在反思商纣王失败教训的基础上接受的周代道德（比如说这里所表现出来的仁爱、尊贤等），而另外一部分则是商王的君德，这部分与周代道德往往是直接冲突的。

第二，宋襄公非常认同"父死子继""兄弟相及""叔侄相传"并行的商代继承法，而并无意遵守"嫡长子继承制"独大的周代继承法，而他的父亲宋桓公也有这种倾向。

实际上，在齐桓公去世后，宋襄公正是遵循着一

---

❶ 宋国卿级官职，公子目夷时期为执政卿，负责教育国君、执掌国政。

套独特的"复古兴商"理念，上演了一场以惨败告终的称霸闹剧。在这个过程中一直严厉批评宋襄公的，正是尽心辅佐但又严守周礼、坚决反对"复古兴商"的公子目夷。

齐桓公"悬崖勒马"

就在太子兹父正式即位同一年，霸主齐桓公在葵丘❶举行诸侯会盟，齐国霸业达到巅峰。在这次会盟中，周王室代表宰孔转达周襄王的旨意，特许齐桓公接受王室致送的祭肉时不必下拜。也就是说，周王室主动请求齐桓公僭越臣礼，而与周襄王平起平坐。齐桓公想要接受又有点犹豫，于是召来管仲商议。

按照《国语·齐语》和《管子·小匡》的记载，管仲先试图用恪守君臣之道来劝阻齐桓公（周王是君、诸侯君主是臣），他警告说："做君主的不像君主，做臣子的不像臣子，这正是我们这个时代祸乱的本源。"❷

按照《管子·小匡》的记载，齐桓公根本听不进

---

❶ 葵丘见图4。
❷ 《管子·小匡》："为君不君，为臣不臣，乱之本也。"

去，而是反驳说："我组织的乘车盟会有三次，兵车盟会有六次，九次会合诸侯，一举匡正天下。我北征到达孤竹、山戎、秽貉，拘获了秦夏国君；西征到流沙西虞；南征到吴、越、巴、牂牁（音"臧柯"）、㽞（音"长"）、不庾、雕题、黑齿、荆夷各国，没有谁敢违反寡人的命令，而中原诸国还不够尊重我。从前夏、商、周三代承受天命为王的，他们的功业跟我有什么不同呢？"❶ 在《史记·齐太公世家》版本里，齐桓公接下来甚至说出了这样的话："我想要像周王那样到泰山祭天，到梁父山祭地！"❷

按照《管子·小匡》的记载，一心想辅佐齐桓公成就霸业而不是僭越为王的管仲也提高了调门，抬出了"天命"来严肃警告齐桓公："那凤凰鸾鸟不降临，而鹰隼鸱枭很多；众神不来到，国家的卜龟不露征兆，而手握粟草占筮却屡次准确；时雨甘露不下，狂风暴雨却常来；五谷不丰多，六畜不兴旺，而蓬蒿藜藋遍地茂盛。那凤凰的文采，前面是'德义'，后面才是

---

❶ 《管子·小匡》："余乘车之会三，兵车之会六，九合诸侯，一匡天下。北至于孤竹、山戎、秽貉，拘秦夏；西至流沙、西虞；南至吴、越、巴、牂牁、㽞、不庾、雕题、黑齿、荆夷之国，莫违寡人之命，而中国卑我。昔三代之受命者，其异于此乎？"
❷ 《史记·齐太公世家》："吾欲封泰山，禅梁父！"

'日昌'。从前受命为王的,总是龙马、神龟来到,河水❶出图、雒水❷出书,地上出现乘黄神马。现在三种祥瑞都没有出现,如果您强行僭越称王,即使声称'承受天命',难道不会失去它吗?"❸

就是这么一段围绕"玄虚"的天命,在现代人看来毫无说服力的劝谏,却使得齐桓公悬崖勒马,打消了僭越的念头。他再次来到宰孔面前,先谦恭地下堂跪拜,然后再登堂接受周王赏赐。在场诸侯只看到了年事已高的齐桓公的"尊王"举动,无不称赞和敬佩这位功绩卓著又谨守臣礼的霸主。

商周时期的"天命"信仰

笔者之所以要详细讲述齐桓公在葵丘之盟中的这段思想斗争,是因为它凸显出了正确理解宋襄公的第

---

❶ 河水见图1、图2、图3、图4、图5。
❷ 雒水见图1、图2、图3、图5。
❸ 《管子·小匡》:"夫凤凰鸾鸟不降,而鹰隼鸱枭丰;庶神不格,守龟不兆,握粟而筮者屡中;时雨甘露不降,飘风暴雨数臻;五谷不蕃,六畜不育,而蓬蒿藜藋并兴。夫凤凰之文,前'德义',后'日昌'。昔人之受命者,龙龟假,河出图,雒出书,地出乘黄。今三祥未见有者,虽曰受命,无乃失诸乎?"

二个关键因素，那就是商代和周代的贵族，包括宋襄公，普遍相信人间君主的权力来自上天的授予，普遍运用"天命"来解释重大政治变革的必然性和正当性。

商朝的统治阶层（商王和高级贵族）特别相信天命。他们认为，商族之所以能够在众多部族中脱颖而出，消灭强大的夏政权而统治天下，归根结底是因为天帝的拣选和授权。因此，商王室为了维持统治，需要做的最重要的一件事，就是持续稳定地用丰盛的祭品（包括大量的人祭）来事奉好天帝和各路神灵。正因为如此，殷商后裔孔子说："殷人尊崇神灵，率领民众事奉神灵，事奉天上的鬼神在先，推行人间的礼制在后。"[1]

也正因为如此，商朝末年，西伯昌攻灭饥国后，商纣王的大臣祖伊就用"天命抛弃荒淫君主"来劝谏商纣王："上天已经终止了我们殷朝的国运，知道天意的人不敢再说我们有好命运，大卜龟也不再显示吉兆。并不是先王不帮助我们后人，而是王荒淫暴虐，自己断绝了与上天的良好关系，所以上天抛弃我们，使我们不能安稳生活。大家都不求知晓天意，都不遵照常法。现在我们的民众没有不希望殷朝灭亡的，他们说：

---

[1] 《礼记·表记》：子曰："……殷人尊神，率民以事神，先鬼而后礼……"

'上天为什么不降下惩罚，天命的转移为什么还不到来？'现在王准备怎么办呢？"而商纣王却很镇定地回答说："我从生下来开始不是就一直拥有上天赐予的大命吗！"❶

商纣王之所以这么说，是因为他对天命的理解和祖伊不一样。祖伊的理解其实已经类似于周人对天命的理解，那就是"皇天无亲，惟德是辅"，上天是否保佑君主是与君主的德行有关的；而商纣王的理解其实是商人比较原初的理解，那就是上天是否保佑君主主要看祭祀——一直用丰盛的祭祀殷勤事奉天帝，上天就会一直保佑商纣王。

商朝末年，周文王也曾经通过解梦宣称自己已经获得天命，他的儿子周武王以此号召天下方国跟随他一同讨伐商纣王。清华大学藏战国竹简的《程寤》篇详细记载了周文王和太子发（后来的周武王）受命于天的细节：

---

❶ 《史记·殷本纪》："及西伯伐饥国，灭之，纣之臣祖伊闻之而咎周，恐，奔告纣曰：'天既讫我殷命，假人元龟，无敢知吉，非先王不相我后人，维王淫虐用自绝，故天弃我，不有安食。不虞知天性，不迪率典。今我民罔不欲丧，曰"天曷不降威，大命胡不至"？今王其奈何？'纣曰：'我生不有命在天乎！'"

在周文王元年正月既生霸这一天，周文王夫人、太子发母亲太姒梦见，商朝王廷长满了荆棘，太子发取了周廷的梓树种在商廷荆棘之间，化为松柏棫柞。太姒从梦中惊醒，把梦告诉周文王。周文王不敢占卜，于是召唤太子发，命令灵巫总负责蔽志，祝祈为文王蔽志，巫率为太姒蔽志，宗丁为太子发蔽志，以币帛告于宗庙社稷，向天地四方山川祈祷，向商人的神祇攻解，望承在明堂占卜，结果为吉梦。周文王及太子发一起拜谢吉梦，从皇天上帝那里领受本来属于商的天命。❶

在姬姓周人的盟友中，最为重要的是以姜姓吕国君主吕尚为首的姜姓族群，吕尚就是后来齐国的始封君齐太公。西周建立后，姬族和姜族一直是周朝两大支柱族群，双方长期联姻，武、康、穆、懿、厉、宣、幽诸王的王后都是姜姓女子。西周末年，周幽王试图通过废申后、驱逐太子宜臼、专宠小国女子褒姒等一

---

❶ 清华简一《程寤》："惟王元祀正月既生霸，太姒梦见商廷惟棘，乃小子发取周廷梓树于厥间，化为松柏棫柞。寤惊，告王，王弗敢占，诏太子发，俾灵名总蔽，祝祈蔽王，巫率蔽太姒，宗丁蔽太子发，币告宗祊社稷，祈于六末山川，攻于商神，望承占于明堂，王及太子发并拜吉梦，受商命于皇上帝。"

系列行动来铲除宫中的姜姓西申国势力，却在最后一步包围西申时遭遇惨败，西申纠集犬戎、鄫人反扑，攻入西都宗周（今陕西省西安市），杀周幽王，导致宗周覆灭，周平王仓皇东迁到东都成周（今河南省洛阳市）所在的中原地区。

从春秋初期开始，中原诸侯集团的高层弥漫着这样一种论调，那就是：强大的姬姓周王室被姜姓西申国一举击败，绝不仅仅是由于周幽王个人的失误，而是天命已经抛弃了姬姓周族，转而开始眷顾姜姓族群。这种论调与当时中原地区的政治现实十分吻合。当时姜姓齐国君主齐僖公、姬姓郑国君主郑庄公都在积极谋求成为管控中原国际秩序的霸主，但他们的境遇却迥然不同：齐僖公主要采取外交手段，似乎没费多大力气，而霸业进展十分顺利；郑庄公主要采取战争手段，劳民伤财、战功显赫，却并没有得到诸侯的拥戴。

到齐僖公、鲁隐公、郑庄公联军讨伐姜姓许国❶时（前712年），艰苦的攻城战斗都是郑国军队打的，但此次行动的领袖，却是当时在诸侯中威望最高的齐僖公，战后商议如何处置许国的会议也由齐国主持。齐

---

❶ 许（许1）见图3、图5。许国都城前576年从许1迁至许2，前533年从许2迁至许3，前524年从许3迁至许4，前506年从许4迁至许5。

僖公、鲁隐公先后推辞接管，许国才最终落到郑庄公手里。郑庄公在任命郑大夫公孙获看守许国时，说了这么一段意味深长的话："周王室的地位已经卑微了，我们这些周王室的子孙一天天失去了秩序。那许国，是太岳❶的后代。上天已经厌弃了周人的德行，我们这些周王室的子孙怎么能跟许国争斗呢？"❷

随后的形势发展进一步证实了郑庄公"天命抛弃姬姓，转而眷顾姜姓"的悲观判断。郑庄公去世后，姬姓郑国陷入内乱，二十几年中换了四位国君，从此再无力称霸。姜姓齐国的称霸事业则一路高歌猛进，最终，姜姓齐桓公在姬姓贤相管仲辅佐下成为春秋时期第一位霸主，在葵丘之盟时达到霸业巅峰。葵丘之盟期间，齐桓公恐怕也正是基于这种"天命抛弃姬姓，转而眷顾姜姓"的思想，才会想要顺势接受周王室的特许，贸然僭越成为天下新王，而管仲也正是围绕天命进行劝谏，坚称天命还没有到来，这才劝住了齐桓公。

---

❶ 太岳应即《尚书·尧典》的"四岳"，姜姓，传说为唐尧之臣，实际上是春秋时姜姓诸侯国（齐、许、申、吕）及姜姓戎人共同尊奉的宗族神。
❷ 《左传·隐公十一年》："王室而既卑矣，周之子孙日失其序。夫许，大岳之胤也。天而既厌周德矣，吾其能与许争乎？"

接下来我们会看到，宋襄公强行称霸的一个很重要原因，就是他相信天命已经再次发生转移。

模范诸侯的"画风"突变

葵丘之盟后，在管仲的敦促下，齐桓公从他的六位庶子中挑选了公子昭立为太子。为了确保太子昭日后能顺利即位，齐桓公和管仲嘱托当时有仁德美名、国内政事大治的宋襄公作为护佑太子的"外援"。所以，当时的宋襄公完全不是"蠢猪"，而是享有极高的国际美誉，足以让霸主齐桓公以齐国君位继承大事相托付的"模范诸侯"。

前643年，齐国发生内乱，齐桓公惨死，乱党拥立庶长子公子无亏为君，太子昭出奔到宋国。前642年，宋襄公信守承诺，率领诸侯讨伐齐国，打败了支持其他公子的内外势力，扶持太子昭登上君位，就是齐孝公。到此为止，宋襄公在中原诸侯心目中的形象，一直是仁义、英明、负责任、有担当的模范诸侯。

前641年，宋襄公突然开始谋求称霸，这个举动和他之前树立的模范形象判若两人。春三月，他逮捕了姬姓滕国❶君主滕宣公。夏六月，宋襄公、曹❷人、邾❸人在曹国都城南部会盟。收到了通知的鄫国❹君主鄫子没有及时赶到，于是请求与参加了盟会的邾文公会盟以示补救。令人错愕的是，宋襄公竟然指使邾文公在睢水❺边的东夷神社杀了鄫子祭神，试图以此使东夷归服。公子目夷言辞激烈地劝谏说：

> 古时候，用某种动物的祭祀就不应该用另一种动物代替，小祭祀不用大牺牲，何况是敢用人做祭品呢？祭祀，是为了给活人祈福消灾。民众，是神灵的祭主。用人做祭品，哪位神灵会享用呢？当年齐桓公存续鲁、邢、卫三个亡国来会合诸侯，义士还说他德行浅薄。如今君主一次会合诸侯就虐待了滕子、鄫子两位国君，又用鄫子作为祭品来祭祀睢水边的淫昏妖鬼，将要靠这些来谋求称霸，不也太难了吗？君主能得到善终就算

---

❶ 滕见图4。
❷ 曹见图1、图2、图3、图4、图5。
❸ 邾（邾1）见图4。邾国都城前614年从邾1迁至邾2。
❹ 鄫见图4。
❺ 睢水见图2、图3、图4、图5。

是幸运了！❶

前641年秋天，宋人包围了曹国，惩罚它不真心服从宋国。公子目夷又劝谏说：

> 当年周文王听闻崇国德行昏乱而讨伐它，包围了三十天崇国还不投降。文王退兵而修明教化，然后再次讨伐，沿用以前的营垒而崇人最终投降。《诗》说：'在嫡妻面前作出示范，进而作为兄弟的表率，以此来治理卿大夫的家族和诸侯的邦国。'如今君主的德行是不是仍然有所缺失，却来讨伐其他国家，想要怎样呢？君主为什么不姑且内省一下自己的德行呢？等到没有缺失而后再行动吧！❷

鄫国是夏禹后代的封国，是三年前齐桓公曾率领

---

❶ 《左传·僖公十九年》："古者六畜不相为用，小事不用大牲，而况敢用人乎？祭祀，以为人也。民，神之主也。用人，其谁飨之？齐桓公存三亡国以属诸侯，义士犹曰薄德。今一会而虐二国之君，又用诸淫昏之鬼，将以求霸，不亦难乎？得死为幸。"
❷ 《左传·僖公十九年》："文王闻崇德乱而伐之，军三旬而不降。退修教，而复伐之，因垒而降。《诗》曰：'刑于寡妻，至于兄弟，以御于家邦。'今君德无乃犹有所阙，而以伐人，若之何？盍姑内省德乎？无阙而后动。"

诸侯军队保护的华夏小国（当时鄫国正被东夷中的淮夷侵扰），而邾国是东夷国。此外，西周初年，东夷曾经参与过以商纣王长子武庚为首的东土叛乱。也就是说，宋襄公的上述举动，实际上是指使一位有心投靠自己的东夷小国君主（邾文公），杀了齐桓公生前最后一次出兵试图保护的华夏小国君主（鄫子），来祭祀睢水边的东夷神社，试图以此向东夷诸国及部族示好。他想充分利用东夷曾支持商朝遗民叛乱的历史渊源，不但不"攘夷"，反而通过"媚夷"来吸引东夷归服宋国、支持他的称霸事业。

宋襄公与齐桓公截然相反的称霸理念和违背周礼的"残暴"人祭，让中原诸侯感到错愕和反感。前641年冬天，在陈国君主陈穆公的提议下，齐、鲁、陈、蔡、郑、楚诸国代表一起在齐国都城会盟，缅怀齐桓公的功德，其实也就是反对宋襄公。特别值得注意的是，楚国第一次出现在了中原会盟之中，可见楚成王正在利用齐国霸业崩溃、宋襄公称霸不得人心的难得时机，坦然地以"正常国家"姿态参与中原国际事务，逐渐洗白身上的"南蛮"污点，为称霸中原铺路。

匪夷所思的称霸闹剧

前639年春，宋襄公想要会合诸侯，于是在宋地鹿上与齐人、楚人会盟，希望当时实力最强、争霸势头最盛的楚国能允许自己召集中原诸侯称霸，楚人竟然同意了。公子目夷悲观地评论说："小国争当盟主，这是祸事。宋国恐怕要灭亡了！能晚一点失败就是幸运。"❶

得到了楚国的"许可"后，宋襄公趁热打铁，同年秋天，他与楚、陈、蔡、郑、许、曹君主在宋地盂❷会盟。公子目夷预言说："祸事大概要在此时发生了吧！君主强行称霸的欲望已经太过分了，诸侯怎么能受得了呢？"❸

不出公子目夷所料，楚成王在会盟现场扣押了宋襄公，押解着他讨伐宋国，希望用这种极端的羞辱使得宋襄公清醒过来。冬十二月，诸侯们在宋地薄❹会盟，释放了宋襄公。到这时，到底谁才是中原霸主的"实力派"候选人，其实已经非常清楚了。然而，非常

---

❶ 《左传·僖公二十一年》："小国争盟，祸也。宋其亡乎！幸而后败。"
❷ 盂见图3。
❸ 《左传·僖公二十一年》："祸其在此乎！君欲已甚，其何以堪之？"
❹ 薄见图3。

了解宋襄公的公子目夷说:"祸事还没有完结,诸侯们的行动还不足以惩戒君主。"❶

前638年春天,郑文公前往楚国朝见楚成王,表明郑国正式服从于楚国。夏天,宋襄公率领卫、许、滕三国君主讨伐郑国,惩罚郑国投靠楚国。讨伐郑国,等于就是向楚国宣战,因此公子目夷说:"我所说的大祸就在此时了。"❷

果然,同年晚些时候,楚人讨伐宋国以救援郑国,宋襄公准备迎战。大司马公孙固苦劝宋襄公不要出战,他说:"上天抛弃商王室已经很久了。君主想复兴它,这是违背天意而不能被赦免的大错!"❸然而宋襄公拒绝听从公孙固的建议。公孙固的这句以"天命"立论的谏言对于我们正确理解宋襄公的称霸理念至关重要,下一节我们还会深入分析它的意义。

前638年冬十一月一日,宋襄公率军与楚国在泓水❹交战。宋国已经在泓水岸边排好了军阵,而楚人还没有完全渡过泓水,场面比较混乱。宋大司马公孙固请求出击,宋襄公不允许。楚人渡过泓水后军阵还不

---

❶ 《左传·僖公二十一年》:"祸犹未也,未足以惩君。"
❷ 《左传·僖公二十二年》:"所谓祸在此矣。"
❸ 《左传·僖公二十二年》:"天之弃商久矣。君将兴之,弗可赦也已!"
❹ 泓水见图3、图5。

整齐，此时公孙固又请求出击，宋襄公还是不允许。楚人已经布好军阵之后，宋襄公才命令出击，最终宋军大败，宋襄公伤了大腿，担任国君护卫的卿大夫子弟伤亡殆尽。

国人都怪宋襄公瞎指挥，而宋襄公却理直气壮地说："君子不重复伤害已经负伤的敌人，不捉拿头发花白的中老年人。古代行军打仗，不依靠险隘的地形。寡人虽然是亡国（指商朝）的残余，也知道不进攻没有摆好阵列的敌军。"❶

一直批评宋襄公争霸努力的公子目夷再一次痛批宋襄公，他说：

> 君主不懂作战。强大的敌人，由于地形狭隘而没有列阵，这是上天在帮助我们。阻拦然后击鼓攻打他们，不也可以吗？就是这样还害怕会失败呢。而且如今这强大的，都是我们的敌人。即使涉及老年人，捕获了就抓回来，管他什么头发花白不花白？昭明战败的耻辱，教习作战技术，是谋求杀死敌人。敌人受伤而没有死，为什么不

---

❶ 《左传·僖公二十二年》："君子不重伤，不禽二毛。古之为军也，不以阻隘也。寡人虽亡国之余，不鼓不成列。"

可以再次伤害？如果爱惜敌军伤员而不再次伤害，就应当从一开始就不伤害他们；爱惜他们头发花白的老兵，那就应当从一开始就服从他们。

三军是根据战场有利条件而决定如何使用的，鸣金击鼓是用声音来激励士气奋勇杀敌的。既然三军有利就该使用，那么利用险隘地形阻击是可以的；既然金鼓的声音大作是用来达到激励斗志的目的，那么击鼓进攻队列不整的敌人也是可以的。❶

在养伤期间，宋襄公还曾款待了流亡至宋国的晋国公子重耳（日后的霸主晋文公）一行，送给公子重耳八十匹马，与霸主齐桓公当年赠予公子重耳的数目相同。这说明，直到生命最后时刻，宋襄公仍然以霸主自居。

前637年夏五月，宋襄公伤重不治去世。至此，宋襄公称霸的闹剧以兵败身死而宣告结束。

---

❶ 《左传·僖公二十二年》："君未知战。勍敌之人，隘而不列，天赞我也。阻而鼓之，不亦可乎？犹有惧焉。且今之勍者，皆吾敌也。虽及胡耇，获则取之，何有于二毛？明耻、教战，求杀敌也。伤未及死，如何勿重？若爱重伤，则如勿伤；爱其二毛，则如服焉。三军以利用也，金鼓以声气也。利而用之，阻隘可也；声盛致志，鼓儳可也。"

顺应天命，复古兴商

如何理解宋襄公这个人，以及他的称霸努力？让我们回顾一下他的前半生：身为太子时就因为"让国"而获得美名，即位后又重用公子目夷政事大治，得到齐桓公器重，以君位继承大事相托付；齐桓公去世后，辉煌的齐国霸业突然崩溃、陷入内乱，这时宋襄公又顺利攻入齐国，行拥立大事。

总而言之，宋襄公的前半生可以说是如有天助般的顺利和成功，很难以常理来解释。笔者认为，宋襄公的这些亲身经历在他心中激起了这样一种信仰：天命在西周末年抛弃了周政权的掌权族群——姬姓周人之后，如今又抛弃了周政权的另一支柱——姜姓诸族，也就是整体性地抛弃了周政权。姜姓齐桓公以太子相托付，伐齐之事大获全胜，都是上天在出手相助，说明天命将要重新眷顾自己所代表的子姓商王族。在这样的天命信仰鼓动下，宋襄公决心要接过从齐桓公手中掉落的"霸业接力棒"，顺应天命成为下一个中原霸主。

宋国称霸，应该遵循怎样的理念呢？我们知道，齐桓公称霸的核心理念是"尊王攘夷"，这里的"王"是周王。周政权本来就是姬姜两个族群共同的事业，姬姓掌权，姜姓辅弼，姜姓齐桓公尊崇姬姓周王自然没什么问题。然而，如果宋襄公认为天命已经抛弃周政权，他又怎能再去尊崇周王呢？因此，宋襄公称霸的核心理念应该是顺应天命指向，复兴他所尊崇的商代制度，然后谋求商王室的复辟，简言之就是"复古兴商"。如前所述，泓之战前，大司马公孙固在苦劝宋襄公不要跟楚国交战时说："上天抛弃商王室已经很久了。君主想复兴它，这是违背天意而不能被赦免的大错！"公孙固的这句谏言，一语道破了宋襄公的称霸理念。

下面，我们可以从"顺应天命、复古兴商"这一假说出发，来重新分析一下宋襄公称霸过程中的四个重要事件，试图深入理解这位"奇葩"国君。

第一件事，就是前652年太子兹父试图将君位让给庶兄公子目夷。

商代继承法本来就不是"嫡长子继承制"一家独大，而是"父死子继""兄弟相及""叔侄相传"兼而有之。因此，在尊崇商制的太子兹父和他的父亲宋桓公看来，这个提议并没有那么不可接受。然而，这个明显违背周代继承法的提议遭到"务实尊周"的公子目夷坚决反对，最终未能实现。

太子兹父高度推崇有贤德的庶兄公子目夷，很可能是源于他对商朝灭亡历史教训的深刻反思：如果当年商纣王能重用年长且贤德的庶兄微子启，或者设想得更大胆一点，如果当年是庶长子微子启继承王位，商朝也许根本就不会灭亡。

在宋襄公走上强行称霸道路之前，宋襄公与公子目夷的奋斗目标是一致的，那就是励精图治、振兴宋国。然而，在宋襄公开始谋求迅速称霸之后，宋襄公的"复古兴商"理念和公子目夷的"务实尊周"理念就不可避免地发生正面碰撞。于是，就有了我们前面看到的、公子目夷一系列不留情面的劝谏和痛批。用"爱之深、责之切"来形容公子目夷对弟弟宋襄公的态度，可能是比较恰当的。

第二件事，是前641年曹南之盟后，宋襄公指使邾文公杀鄫子祭东夷神社。

"务实尊周"的公子目夷激烈反对宋襄公的行为，这是因为周人吸取殷商覆灭教训，奉行人道主义，用牲畜祭祀早已是不可置疑的正礼，杀人祭祀只会引起中原诸侯的反感。然而，从考古发现我们已经知道，杀人祭祀是商王室的常规做法；学者胡厚宣根据他读过的两千多片甲骨所作的统计表明，商王室至少杀了一万四千多人用于各种祭祀，这里面至少有七千多人是战争抓来的姜姓羌人俘虏。[1]如前所述，商王认为，自己之所以能统治天下，是因为上天的授权。只要事奉好上天，自己就能一直统治下去。为了要让上天感受到自己的诚意，就要把人间珍贵的东西奉献给它，那就是人。所以，商王室杀人祭祀，从周人的角度看是残忍，从商人的角度看是虔诚。另外，东夷诸国直到春秋时期还存在用人祭祀或殉葬的习俗。

也就是说，宋襄公可能根本就不是从"杀人献祭很残忍"这个周人角度去看问题，而是遵循"复古兴商"理念，企图恢复商王室的人祭传统，并且向遗留有类似风俗的东夷人宣示商王室的重新降临。所以，宋襄公在这个问题上所信仰的道德根本就不是周人所理解的道德，而是商王之德。这种商王之德与杀人祭祀是完全兼容的，不虔诚祭祀怎能算是有德的商王？

第三件事，是前639年宋襄公请求楚国允许自己称霸，而且在被楚国侮辱之后仍然继续争霸。

宋襄公并没有丧失对政治现实的清醒认识，他非常清楚，以硬实力论，自己绝不是楚国的对手。然而，跟主宰一切的天命相比，硬实力又算得了什么呢？齐

---

[1] 参见胡厚宣、胡振宇：《殷商史》，上海人民出版社，2003年。

国硬实力比楚国更强，还不是霸业崩溃，要依靠自己率领诸侯来平定内乱吗？宋襄公的逻辑是这样的：楚成王会在硬实力远强于自己的情况下答应自己的称霸请求，是因为天命感化了楚成王，让他服从自己；而楚成王押着自己攻打宋国，则是"天将降大任于斯人也，必先苦其心志"，是上天在考验自己的天命信仰是否坚定。

很明显，此时的宋襄公，已经进入了一种无论成败都能自我强化的、类似于宗教信仰的思维模式，务实的劝谏和现实的失败都是无法使其清醒的。所以，公子目夷会说"诸侯们的行动还不足以惩戒君主"。所以，宋襄公的问题不是"愚蠢"（智商有问题），而是"痴狂"（信仰不靠谱）。

第四件事，是前638年泓之战时，宋襄公多次拒绝抓住战机抢先攻击楚人，最终招致惨败。

战后宋襄公和公子目夷的对话，可能又是一次"复古兴商"和"务实尊周"之间的"鸡同鸭讲"。宋襄公在战斗结束后的辩解中强调自己是"亡国的残余"，已经表明他所说的"古代"是指商代。宋襄公小时候从师父那里学到的商代军礼，很可能是商朝遗民对于前朝军礼的一种理想化、美化的叙述。而他决定在泓之战中所做的，就是要恢复他所崇尚的这种商代古典军礼，将其应用于实战。公子目夷所论述的，则是在周代古典军礼基础上形成的、适应春秋时期战争实际的、以杀敌制胜为核心的东周军礼。

"我有一个梦想"

总而言之，宋襄公在成功拥立齐孝公之后，就坚信天命已经抛弃姬姜二族而重新眷顾商王族，要顺应天命谋求称霸、重振商王室雄风，并在这种信仰的指导下，全然不顾宋国的实力和春秋时期的主流价值观，强行推进以"复古兴商"为核心理念的称霸事业。正是由于坚信天命，他认为称霸路上获得的每一点"成就"都是天命眷顾商王族的见证，而每一次挫折都是上天对他信仰坚定性的考验。正是由于以"复古兴商"为己任，他认为嫡长子将君位让给庶兄不算违礼，杀人献祭不算残忍，用古法作战不算迂腐。所有这些，在"务实尊周"之人看来都十分荒唐疯狂的思想和行动，而在宋襄公看来都是自洽的、合理的、顺乎天命的。

如果说宋襄公有病的话，他的病不是"时而仁爱、时而凶残"的精神分裂症，而是坚信"天将降大任于斯人也"的信仰狂热症。历史阴错阳差地让这位本来可以成为模范诸侯的商王后裔做起了一场"复兴商朝"的春秋大梦，而他也为这梦想拼尽了全力，至死不渝。

在春秋这个历史转型期，还有没有像宋襄公这样笃信天命、立志恢复先代之治、并且没有在现世取得成功的其他追梦者？当然有。宋襄公去世86年后，鲁国就出了这么一位奇人。他是逃到鲁国的宋国君主后裔，少年时饱尝贫贱生活的艰辛，后来通过学习礼乐改变命运，成为一位教授诗书礼乐知识、帮助贵族操办礼事的儒者，到30岁时已经成为国内外颇有名望的周礼专家，34岁时被鲁国权臣孟僖子指定为自己两个儿子的老师，过上了相对稳定而体面的低级贵族生活。然而，此人在50岁时经历了一场决定性的心灵觉醒，透彻明白了自己所肩负的天命❶，认定自己就是周代礼乐文明的当代传承人，立志要在政治和文化领域重振周礼权威，在东土再造一个与当年周文王、周武王时期的周政权比肩的"东周"❷。

---

❶ 《论语·为政》："子曰：'吾十有五而志于学，三十而立，四十而不惑，五十而知天命，六十而耳顺，七十而从心所欲不逾矩。'"
❷ 《史记·孔子世家》："公山不狃以费畔季氏，使人召孔子。孔子循道弥久，温温无所试，莫能己用，曰：'盖周文、武起丰镐而王，今费虽小，傥庶几乎！'欲往。子路不说，止孔子。孔子曰：'夫召我者岂徒哉？如用我，其为东周乎！'然亦卒不行。"

在这种天命信仰的驱动下，此人毅然跳出了自己在鲁国治学、授徒、相礼的"舒适圈"，不顾自己无权无势的自身条件和春秋时期"礼坏乐崩"的历史大势，想尽一切办法在他的有生之年实现"复古兴周"的改革梦想。他首先在鲁国出仕，官至司寇，随后与弟子联手策动"堕三都"行动以打击三大家族势力、重塑君臣尊卑秩序，取得了阶段性成果，但最终没能成功改造鲁国。然而，鲁国改革的失败并没有让他丧失信心，接下来他带领弟子离开鲁国，开始周游列国宣传其改革理念，先后在卫国、陈国等小国获得三次机会来实施其改革方案，但也都没有取得成功。不仅如此，在周游列国过程中，他还曾在56岁时被匡地兵众围困，在60岁时被宋国权臣桓魋谋杀，在63岁时被困在陈蔡之间断粮七日，可以说是多次与死神擦肩而过。

然而，正是因为坚信自己有天命加持，所以时人嘲笑他"知其不可而为之""累累若丧家之狗"时，他毫不介意；被匡人兵众围困时，他毫不怯懦，宣称"周文王去世之后，周代礼乐文化不都在我这里吗？上天要是准备消灭这文化，那我这个死得晚的人就不会掌握这文化了；上天要是不准备消灭这文化，匡人能把我怎么样"❶；遭到桓魋死亡威胁时，他毫不畏惧，宣称"上天让这样的美德降生在我身上，桓魋能把我怎么样"❷；困于陈蔡绝粮之时，他毫不气馁，反而更加慷慨激昂，坚持与弟子讲学论道、弦歌不衰。说到这儿，大家都应该知道这位信天追梦的奇人是谁了。对了，他就是被后世尊奉为"素王""文宣王""至圣先师"的孔子。

---

❶ 《论语·子罕》："子畏于匡，曰：'文王既没，文不在兹乎？天之将丧斯文也，后死者不得与于斯文也；天之未丧斯文也，匡人其如予何？'"

❷ 《论语·述而》："子曰：'天生德于予，桓魋其如予何？'"

【戊辰】装神弄鬼：公子重耳夺权大业的『第二战场』

公子重耳（晋文公）在国外辗转流亡十九年，最终归国夺得政权、成就霸业的曲折故事，无疑是春秋史中最精彩的故事之一。然而，古往今来的分析解读集中在公子重耳流亡团队的传奇事迹上，对于他的国内党羽开辟"第二战场"的事迹鲜有涉及。下面，笔者将着重分析郭偃、狐突这些公子重耳的国内党羽，看他们是如何向现政权发动一波又一波舆论攻击，为公子重耳归国夺权造势铺路的。

晋惠公即位后的晋国政局

公元前651年，晋国君主晋献公去世，两个嗣子接连被权臣里克所杀，晋国高层决定请西邻秦国❶的英主秦穆公帮忙再立新君。在这个君位悬空的"窗口期"，晋献公的两个在外流亡的儿子做出了截然不同的选择：哥哥公子重耳接受心腹谋臣狐偃的建议，婉拒了秦穆公使者提出的归国夺权邀请，继续蛰伏在位于今陕西省中北部的白狄居地❷等待时机；弟弟公子夷吾

---

❶ 秦见图1、图2。秦国都城前677年—前676年从秦1迁至秦2。
❷ 白狄见图2。

则接受谋臣郤（音"隙"）芮的建议，抓住了秦国提供的机会，承诺割让大片土地给有意拥立自己的秦穆公，并且承诺封赏大片土地给原本支持公子重耳的国内权臣里克、丕郑。随后公子夷吾在秦军护送下归国即位，是为晋惠公。

晋惠公在前650年夏四月正式即位后，听从郤芮、吕甥等心腹谋臣的建议，干了三件事：

一是"筑墙"，立即在秦晋边界修筑城墙防备秦国；
二是"赖账"，找借口拒绝按照承诺向秦穆公和国内权臣交割土地；
三是"杀人"，以"你杀人太多，当你的君主风险太高"为由，逼迫权臣里克伏剑自杀。

晋惠公通过"筑墙""赖账"，洗刷了自己先前为了夺权而"卖国求荣"的恶名，获得了国内一批对秦强硬派卿大夫们的支持。但是，晋惠公杀里克并没有瓦解公子重耳国内党羽的斗志，反而激化了矛盾，把他们彻底逼到了对立面。接下来，公子重耳党羽决定抓住晋惠公君位尚不稳固之时奋力一搏，谋求颠覆晋惠公政权、拥立公子重耳为君。实际上，根据《国语·晋语三》的记载，晋惠公刚杀完里克就后悔了，还埋怨郤芮给自己出了个馊主意。

重耳党羽谋划的叛乱行动分为武装政变和舆论战两个部分。一方面，里克被杀时，权臣丕郑正在秦国传达晋惠公"赖账"不割地的说辞。丕郑得到消息后，马上决定组织政变，于是向秦穆公告发说，晋惠公"赖账"都是晋惠公心腹谋臣吕甥、郤芮、郤称的主意。丕郑说服秦穆公和他"里应外合"，由秦穆公出面把吕甥等人诱骗到秦国杀掉，然后自己在国内发动政变逐出晋惠公，而秦穆公则以武力护送公子重耳归国。另一方面，国都内其他公子重耳党羽密切关注晋惠公的一举一动，伺机发动舆论攻击，为公子重耳归国夺权造势铺路。

第一波攻击：
批判晋惠公

如上所述，晋惠公逼死里克之后感到后悔，并试图"甩锅"给出主意的郤芮。公子重耳党羽核心人物之一、太卜郭偃可不能让晋惠公就这样蒙混过关，他马上发表了这样一段将批判重点直指晋惠公的言论："不仔细谋划就进谏劝说除掉里克的，是郤芮。不仔细考虑就杀人的，是君主自己。不仔细谋划就进谏，是不忠。不仔细考虑就杀人，是不祥。不忠，要受到君主的惩罚。不祥，将遭到天降的祸难。受到君主惩罚，会身死蒙羞。遭到天降的祸难，会绝后代。通晓正道的人不要忘记，灾祸将要到了！"❶

这段话不可谓不狠，但是如果跟公子重耳党羽接下来要掀起的舆论风浪相比，这只能算是正式"炮轰"之前的"试射"而已。

第二波攻击：
搞臭"太子申生改葬"

杀里克之后，晋惠公决定要举行一场"改葬太子申生"的公关活动，通过给这位品德高洁、感动晋国的冤死太子平反，塑造新政权的正义形象，占据道德制高点，营造有利于稳定局势的正能量舆论氛围。然而，由于不明原因，活动当天现场出了严重事故，棺材盖子错位打开，尸臭弥漫全场。

---

❶ 《国语·晋语三》："不谋而谏者，冀芮也。不图而杀者，君也。不谋而谏，不忠。不图而杀，不祥。不忠，受君之罚。不祥，罹天之祸。受君之罚，死戮。罹天之祸，无后。志道者勿忘，将及矣！"

根据《国语·晋语三》的记载，事故发生后，一首借太子申生改葬事故抹黑晋惠公、颂扬公子重耳的"民谣"在晋国都城里迅速传播开来：

> 贞之无报也。
> 孰是人斯，而有是臭也？
> 贞为不听，信为不诚。
> 国斯无刑，偷居幸生。
> 不更厥贞，大命其倾。
> 威兮怀兮，各聚尔有，以待所归兮。
> 猗兮违兮，心之哀兮。
> 岁之二七，其靡有徵兮。
> 若狄公子，吾是之依兮。
> 镇抚国家，为王妃兮。

翻译成白话文就是：

> 想要标榜贞正却没有好报哩。
> 这人是谁，改葬申生却发出这样的恶臭？
> 想按正礼安葬却不被听从，想标榜信义却不见真诚。
> 国家这样没有刑罚，让偷窃君位的人侥幸生存。

不改变这个君位的正当性，晋国的命运将会倾覆。

畏惧这人啊，怀念那人啊，各自汇聚自己所拥有的力量，等待最后的归宿啊。

唉呀想摆脱这人远走他乡啊，又难舍故土而内心哀伤啊。

二七十四年后，这人的后代将要微亡啊。

远在狄地的公子，我们依傍的是他啊。

他将镇抚国家，作周王的辅佐啊。

主管占卜预测政事吉凶、以敢于直言著称的太卜郭偃又跳了出来，配发了这样一段煽风点火的"民谣微言大义解读"：

很难啊，好事真难做！君主改葬太子申生是想引以为荣，却使自己的恶名更加昭彰。一个人内心美好，必定会表现于外并且传扬于民间，民众会爱戴他。反过来一个人内心丑恶也一样。所以行动不可不慎重啊，必定有人会知道。

十四年后，君主的继承人将被废弃吧，这个运数上天已经告知民众了。公子重耳会进入国都即位吧，这迹象已经在民间显现了。他如果进入国都即位，一定会成为诸侯之长而朝见周王，这光辉已经照耀民众了。数字，是预言的记录。迹象，是民意的先导。光辉，是明德的闪耀。用记录预言来表述，用阐发民意来引导，用闪耀光辉来昭示，公子重耳不到来还等待什么？想要为他做先导的人可以行动了，他将要到了！❶

如果我们不相信国人和郭偃能准确预测十四年后重耳归国夺权的话，这个记载在《国语》里的故事大概是这么回事：

晋惠公在改葬太子申生的活动上发生了尸臭四溢的事故，这个事故本身很可能就是混迹在工作人员中的公子重耳党羽所为，为的是毁掉这场利用申生美名来"加持"新政权的正面公关秀，把它转变为一场利用申生尸臭来彰显新政权"污秽本质"的负面公关灾难。

事故发生后，公子重耳党羽立刻在国都内散布一首民谣体的政治讽刺诗，使其广泛流传。当然，原诗

---

❶《国语·晋语三》："甚哉，善之难也！君改葬共君以为荣也，而恶滋章。夫人美于中，必播于外而越于民，民实戴之。恶亦如之。故行不可不慎也，必或知之。十四年，君之冢嗣其替乎，其数告于民矣。公子重耳其入乎，其魄兆于民矣。若入，必伯诸侯以见天子，其光耿于民矣。数，言之纪也。魄，意之术也。光，明之曜也。纪言以叙之，述意以导之，明曜以昭之，不至何待？欲先导者行乎，将至矣！"

中并没有"二七十四年后，这人的后代将要微亡啊"这句话，而只是泛泛地预测公子重耳未来将会归国夺权。然后，同为公子重耳党羽的郭偃对这首诗追加评论，宣扬这首民谣反映了天意和民意，号召民众为公子重耳归国早做准备。当然，郭偃的原话中也并没有关于十四年的那些评论。

公子重耳归国成就霸业之后，后人以这个事件为蓝本进行再创作，加入准确预言公子重耳将在十四年后归国夺权的桥段，从而将晋文公称霸进一步天意化、神圣化，最终形成了我们今天看到的这个版本。

第三波攻击：
炮制"太子申生显灵"

如果说这场"太子申生改葬"事件是重耳党羽利用政府公关活动制作的"改编剧"的话，接下来发生的"太子申生显灵"事件就是他们在尝到甜头后推出的"自编剧"了。根据《左传·僖公十年》的记载，事情的经过是这样的：

前650年秋天，太子申生生前的驾车人狐突前往太子申生生前的居地曲沃❶，在那里撞见了已故的太子申生。太子申生让狐突上车，并让他重操旧业驾车前行。

太子申生告诉狐突说："夷吾（晋惠公）对我无礼，擅自将我掘出改葬，我已经向天帝请示过了，将把晋国送给秦国，秦国将祭祀我。"❷

狐突回答说："臣下听说，'神灵不享受别族的祭品，民众也不会祭祀别族的神灵'。如果真把晋国交给秦国，您的祭祀恐怕要断绝了吧？而且民众有什么罪？让全体晋人为晋侯一人的罪而遭受灭国之祸，这是失掉刑罚的本义；秦人不会祭祀您的在天之灵，这会让您缺乏祭祀。您还是重新考虑一下吧！"❸

太子申生说："好的。我将重新向天帝请命。七天后，在曲沃城外的西边，将会有巫者显现我。"❹狐突答应了，申生就消失不见了。

---

❶ 曲沃见图2。
❷ 《左传·僖公十年》："夷吾无礼，余得请于帝矣，将以晋畀秦，秦将祀余。"
❸ 《左传·僖公十年》："臣闻之，'神不歆非类，民不祀非族'。君祀无乃殄乎？且民何罪？失刑、乏祀，君其图之！"
❹ 《左传·僖公十年》："诺。吾将复请。七日，新城西偏，将有巫者而见我焉。"

七天后，狐突按约定前往，太子申生鬼魂附体的巫者告诉他说："天帝答应我惩罚有罪的夷吾了，夷吾将在韩地❶失败。"❷

这个"太子申生显灵"事件在当代人看来自然是荒诞不经，但是它在当时是一个具有"国际影响力"的段子。据《左传·僖公十六年》记载，四年后的前645年，秦穆公率领秦军在晋国韩地大败晋惠公率领的晋军，俘虏了晋惠公回国。一批当年力主对秦强硬的卿大夫们自觉愧对晋惠公，于是一路尾随秦军，秦穆公为了打发他们走，于是派使者对他们说："诸位大夫为什么如此忧戚？寡人跟随着晋君往西去，也不过是实践晋国的妖梦罢了，怎敢做得太过分？"❸秦穆公的话说明，当时"申生显灵"故事早已流传到了秦国。不过，在不信邪的秦人看来，整个故事都只是一个"妖梦"而已。

笔者认为，"太子申生显灵"事件既不是全然真实、现代科学尚无法解释的"灵异事件"，也不是全然

---

❶ 韩见图2。
❷ 《左传·僖公十年》："帝许我罚有罪矣，敝于韩。"
❸ 《左传·僖公十五年》："二三子何其戚也？寡人之从晋君而西也，亦晋之妖梦是践，岂敢以至？"

虚无缥缈的"妖梦",而是公子重耳党羽炮制的第三波舆论攻击,也是第二波"太子申生改葬"的续集,其目的仍然是败坏晋惠公名誉,为公子重耳回国造势。《左传》中记载的这个故事,实际上可能是这么回事:

首先,公子重耳党羽安排狐突和一位巫者出现在曲沃城的西边。巫者根据脚本开始装神弄鬼,表演太子申生鬼魂附体,吸引民众围观。然后说了一段"天帝准许我惩罚有罪的公子夷吾,他必将失败"的话。当然,巫者说的话里面一定不包括"在韩地"这种不可能预知的细节。

与此同时,公子重耳党羽混在围观民众中,以道听途说的方式散布此次"太子申生鬼魂附体巫者显灵事件"的"前情回顾",那就是狐突和公子申生鬼魂在七天前的会面和对话。这段"人鬼对话"篇幅短小,非常便于记忆和口口相传,它试图达到两个目的:

第一,说明晋惠公的所作所为已经把生前以宽容仁爱著称的太子申生的鬼魂气到了失去理智、要以灭国来报复的程度,以此极言晋惠公之恶;

第二,说明狐突大公无私,以晋国民众福祉为重,正是他的大仁大义缓和了太子申生鬼魂的过度愤怒。由于狐突的两个儿子狐偃、狐毛正追随着公子重耳在外流亡,抬高狐突的目的其实是为了进一步美化公子重耳的形象。

这次"鬼魂附体秀"结束后,一个完整的"太子申生两次显灵"故事就逐渐在晋国都城的国人中间散布开来,在更大的范围内发挥它诋毁晋惠公,支持公子重耳夺权的效力。

公子重耳归国成就霸业之后,后人以这个事件为蓝本进行再创作,加入了准确预言晋惠公会在韩地战败的细节,从而将晋文公称霸进一步天意化、神圣化,最终形成了我们今天在《左传》中看到的这个版本。

第四波攻击:
抹黑晋怀公

在三波舆论攻击的"炮火准备"之后,重耳党羽策动的政变计划也进入实施阶段。前650年冬天,秦穆公派大夫泠至回报丕郑的访问,并以重礼慰问吕甥、郤芮、郤称三人,请他们去秦国访问。然而,郤芮嗅到了危险的气息,他说:"财礼重,话语甜,这是在诱骗我们!"❶于是晋惠公先下手为强,杀了丕郑、祁举、

---

❶ 《左传·僖公十年》:"币重而言甘,诱我也。"

左行共华、右行贾华、叔坚、骓歂（音"追喘"）、累虎、特宫、山祁等人。这次血腥"肃反"沉重打击了国内的公子重耳党羽，他们可能从此进入了蛰伏阶段，除了向流亡团队通风报信之外，没有再发动见于文献记载的重大政变和舆论战。

到了前637年，晋惠公去世，作为人质软禁在秦国的太子圉抛下他的秦女妻子回国即位，就是晋怀公。秦穆公预感到晋怀公会和他父亲一样与秦国为敌，于是从楚国迎来公子重耳，决定要用武力护送公子重耳归国夺权。

此时，晋国政局高度紧张，想要坐稳君位的晋怀公为了打击国内外反对势力，下令国内的卿大夫都不得帮助公子重耳流亡团队，并且向国内家属发出通牒，要求他们劝说流亡者限期归国投诚，过期不归的就不再赦免。平心而论，晋怀公政权在公子重耳团队即将依靠国外势力武力夺权的危局下，实施一次先行明令告知、限期投案自首、自首就能获得赦免的"肃反"行动，真不能算是无道暴虐之举。

家族中有流亡者的族长中就有狐突，他的两个儿子狐毛、狐偃都在重耳流亡团队中效力，狐偃更是重耳的心腹谋臣。这年冬天，晋怀公决定"杀鸡儆猴"，于是逮捕了狐突，对他说："你的儿子回来你就能免于刑罚。"❶ 对于舆论战急先锋狐突来说，这是再次发动攻击的绝佳机会。狐突很清楚，自己的两个儿子不可能在夺权大业马上就要胜利的当口脱离流亡团队回国。夺权胜利后，有两个功臣儿子继承家业，狐氏未来也一定会昌盛。自己横竖是死，那还不如拼上自己的老命再对晋怀公政权做一次"自杀式抹黑"。于是，狐突正义凛然地对答说："儿子到了能够入仕的年纪，父亲要教他'忠'的道理，这是自古以来的制度。名字写在了主公简策上、向主公进献见面礼之后，再有二心就是有罪的。如今臣下的儿子，名字登记在公子重耳的简策上，已经好几年了。如果又召他们回来，那就是教他们事奉主公有二心。父亲教儿子有二心，那还怎么事奉君主？刑罚不滥用，从而彰显君主的英明，这是臣下的愿望。如果君主滥用刑罚以图快意，谁会没有罪？臣下明白君主的命令了。"❷

话说到这份上，晋怀公为了维护君令严肃性别无他法，只能下令杀了"死硬分子"狐突。狐突被杀，

---

❶ 《左传·僖公二十三年》："子来则免。"
❷ 《左传·僖公二十三年》："子之能仕，父教之忠，古之制也。策名、委质，贰乃辟也。今臣之子，名在重耳，有年数矣。若又召之，教之贰也。父教子贰，何以事君？刑之不滥，君之明也，臣之愿也。淫刑以逞，谁则无罪？臣闻命矣。"

是公子重耳武装夺权前夕晋国内部政治斗争趋于白热化的标志性事件，狐突这段只提"忠主公"不提"忠君上"，从道义角度激烈批判晋怀公"通缉亡人"举措，并进而抹黑晋怀公君德的话，也是他为重耳夺权事业所做的最后一份贡献。狐突在黎明到来前的暗夜里倒下了，他是晋怀公朝堂上的逆臣，却是公子重耳心中的烈士。

与狐突不同，郭偃没有亲属跟随公子重耳流亡，因此本来就不在此次"严打"范围内。在狐突拼死抹黑晋怀公被杀之后，郭偃一面称病不出，一面又放出话来"补刀"。他说：《周书》有云：'君主伟大贤明，臣民自然顺服。'自己并不贤明，而只知道杀人以求痛快，不也很难了吗？民众看不到君主的美德，而只听说杀人的消息，这样的君主会有后代吗？"❶

郭偃在公子重耳依靠外国势力武力夺权的威胁迫在眉睫的时候，抛出"以德服人"的高调来批判晋怀公完全正当的"肃反"行动，明显不是为了伸张正义，而是在为公子重耳团队摇旗呐喊。郭偃的目的，其实

---

❶ 《左传·僖公二十三年》："《周书》有之：'乃大明，服。'己则不明，而杀人以逞，不亦难乎？民不见德，而唯戮是闻，其何后之有？"

是在逼迫晋怀公做一个两难的选择：

其一，如果晋怀公被郭偃的这番话激怒，把并不在"严打"范围内的郭偃从家里揪出来杀掉，那他就用实际行动证明自己真的就是郭偃所说的"只知道杀人以求痛快"的暴君。实际上，如果晋怀公杀了太卜郭偃，这件事对他自己声望造成的损害会比杀一个普通大臣还要更严重。因为太卜被认为是有与鬼神沟通能力的特殊官员，他的职责就是毫不避讳地预言大事吉凶、劝谏君主失德行为，是享有很高的舆论话语权和言论豁免权的。

其二，如果晋怀公戒急用忍，没有对郭偃采取行动，那么他就是默认了自己如郭偃所说，是"只知道杀人以求痛快"的暴君，因忌惮郭偃的太卜身份和崇高声望而不敢下手。

最终，晋怀公并没有因为郭偃的"反动"言论就把他揪出来杀掉，使得郭偃既在关键时刻声援了公子重耳，又保住了自己的性命。

"敌后第二战场"功臣的结局

前636年，狐突、郭偃等待多年的主公公子重耳终于在秦军护送下杀回晋国。吕甥、郤芮率晋军抵抗，但是，在外有秦军大兵压境、内有公子重耳党羽抹黑晋怀公的情势下，晋军早已人心涣散，很快在秦穆公使者的劝说下"反水"，逐出吕甥、郤芮，将公子重耳迎入军营。随后，公子重耳国内党羽中的栾氏、郤氏杀死了晋怀公。重耳团队成功夺取了政权，后来又挫败了晋怀公余党的纵火图谋，诱杀了郤芮、吕甥，稳定了政局。

公子重耳夺权大业取得胜利后，在"第二战场"中立下大功的郭偃受到新政权重用，成为全面改革的总设计师，相当于齐国的管仲；为此献出生命的狐突在晋文公创业史中被塑造为一位立场坚定、正气凛然的烈士，而他的两个儿子狐毛、狐偃在前633年分别被任命为上军将、上军佐，在六卿领导班子中占据两席。从公子重耳党羽甘冒风险在"敌后"开展舆论战，以及重耳夺权之后重用、善待"第二战场"功臣的史事中，我们可以清晰体会到重耳／晋文公团队的称霸格局和气象。

【己巳】

顾全大局：晋国首届六卿领导班子的酝酿过程

晋楚决战在即，晋国决定成立首届六卿班子

前643年首任中原霸主齐桓公去世之后，齐国陷入内乱，最后在宋襄公武力干预下才恢复稳定。在此之后，虽然齐国君主在名义上仍然是现任霸主，然而齐国霸业实际上已经衰落，围绕下一任中原霸主的竞争随之展开。

到前633年时，在绝大多数中原诸侯国高层人士看来，最有希望成为下一任中原霸主的，是南方强国楚国的英主楚成王。当时，楚成王已经收服了郑、鲁、陈、蔡、许、曹等中原主要诸侯国，并已与卫国联姻。河水（黄河）以南的中原地区还没有倒向楚国的，只剩下自欺欺人，仍然以现任霸主自居的齐国（因为周王室还没有任命下一任霸主），以及思路清奇、大胆"押宝"晋国而叛楚的宋国。

此时，晋国的君主是三年前即位的晋文公，他在即位仅一年后就急匆匆地率军南下中原武力"勤王"，取得了平定王子带之乱、捍卫周襄王尊严、驱除祸乱王室的戎狄的大功，用实际行动宣示了自己按照齐桓公确立的"尊王攘夷"路线参与中原争霸的志向。然而，即位仅三年的晋文公的争霸履历，与即位已三十九年、熬死了齐桓公、斗败了宋襄公的楚成王比

起来，简直是太过于苍白；就外界印象中的实力来说，自晋惠公以来一直被秦国压制的晋国也根本比不过自楚武王以来迅速崛起、气势如虹的楚国。因此，对于大多数中原诸侯国来说，晋楚争霸的结局必然是楚成王胜出，随后入主中原。

不过，晋文公和他的核心谋臣们并没有丧失信心，因为他们在十九年的流亡时期，特别是在齐国、楚国、秦国逗留期间，对这三个潜在的争霸对手的真实水平有了"实地调研"级别的深入了解。在知己知彼的基础上，他们认为，晋国与楚国武力争霸，其实仍有胜算，这是因为：

第一，晋国是周王室宗亲封国，比齐国这个周王室外戚封国还要更加"根正苗红"。比长期被视为"南蛮"，而且已经僭越称王的楚国更容易得到中原诸侯国的认同和拥护。

第二，晋国在晋献公时期一直在攻灭周边小国，不断锤炼军队实战能力。在晋惠公战败后又在中原诸侯中率先实施"作州兵"新政以显著扩大征发民众当兵的规模，已经培养出一支无论是规模还是战力都足以与楚军正面决战的强大军队。

第三，晋国在晋献公时期颁布"无蓄群公子"禁令，为"任人唯贤"打开局面。长期秉持"尊贤""尚功"原则任用卿大夫，在晋惠公战败后又率先实施"作爰田"新政，以显著加强对有功卿大夫的土地赏赐力度。这已经建设起一支争霸斗志和才干水平都足以与楚国抗衡的卿大夫团队。

第四，如果晋楚双方都从都城出兵前往中原腹地的话，都城位于山西省翼城县附近（图5"晋"）的晋国军队需要走的路程大概不到都城位于湖北省宜城市附近（图5"楚"）的楚国军队的一半。也就是说，晋国在军事地理层面占据明显优势。而且，晋国在前635年已经占领了位于中原腹地的南阳❶地区（图5"南阳"），因此这种地理优势变得更加明显。

前633年冬天，楚成王及陈、蔡、郑、许诸国君主率军包围宋国都城，准备用武力迫使其屈服，曾与晋文公有旧交情的宋国高官公孙固穿过封锁线来到晋国求援。在谋臣先轸、狐偃的鼓励下，晋文公下定决心要抓住这个机会，率军南下中原与楚国决战。为了与楚国强大的三军相抗衡，晋国决定在被庐进行阅兵，在原有上、下两军的基础上增设中军以建立三军，并开会商议中军帅（排第一）、中军佐（排第二）、上军

---

❶ 南阳，指太行山-王屋山-中条山以南、黄河以北（水北为阳）的地区，见图2、图3。

帅（排第三）、上军佐（排第四）、下军帅（排第五）、下军佐（排第六）六位卿官的人选。

春秋时期，诸侯国中高级官员被称为"大夫"，大夫中最高级的官员被称为"卿"。当时文官武将尚未分途，因此，晋国六卿同时也就是三军将佐，他们在平时作为行政官各管一块政务，在战时作为将领率军作战。六卿在权力架构中与君主距离最近，在实际政治中与君主的物理距离也最近，在早朝之后有权跟随君主进入寝宫议政，因此又被称为"近官"。晋国先前一直是二军四卿，因此此次将要任命的是晋国首届三军六卿领导班子。

在讲述晋国首届六卿领导班子组建过程之前，我们先要了解一下提供候选人的晋国卿大夫群体。这个群体实际上主要由三股政治势力组成。

一、从亡诸臣卿大夫

从亡诸臣追随公子重耳在国外流亡十九年，最终一起归国夺权成功。在这个过程中，他们与公子重耳朝夕相处、患难与共，其拥立之功明显大于下文所说的内主旧族。因此，晋文公即位之后，马上发布命令奖赏从亡诸臣的功劳，并且任命他们担任卿大夫。这些久经考验的从亡诸臣卿大夫是晋文公最为信任的

"自己人"。

从亡诸臣卿大夫之中，有资格被选为六卿成员的是狐偃、赵衰（音"崔"）、贾佗、魏犨（音"抽"）、胥臣这五贤士。在五贤士之中，又以狐偃、赵衰最受公子重耳器重：狐偃是公子重耳的亲舅舅，被公子重耳当作父亲一样尊奉；赵衰是公子重耳的连襟（他们分别娶了一对姐妹花，姐姐叔隗和妹妹季隗），被公子重耳当作老师一样尊奉。前636年晋文公归国即位之后，拥立功劳最大的狐偃顺理成章地成为晋文公称霸事业的领衔谋臣，而赵衰除了继续和狐偃搭档辅佐晋文公之外，还娶了晋文公的女儿作为嫡妻，与晋文公在连襟关系基础上又加了一层翁婿关系。

二、内主旧族卿大夫

在公子重耳流亡期间，晋国国内的卿大夫群体主要来自胥、籍、狐、箕、栾、郤、伯、先、羊舌、董、韩十一个家族，我们接下来称它们为"国中旧族"。在这十一个国中旧族中，有四个（栾、郤、狐、先）在公子重耳流亡期间一直在通过通风报信、舆论造势等方式支持公子重耳团队，在公子重耳归国夺权时又作为内应破解了晋军的抵抗、杀了晋怀公，为公子重耳即位扫清了障碍。因为有这些拥立之功，春秋晚期的晋国贤大夫叔向在回顾历史时，声称这四个家族是公子重耳在晋国的"内主"，所以我们接下来称它们为"内主旧族"，称来自内主旧族的卿大夫为"内主旧族卿大夫"。这四个内主旧族是晋国既有卿大夫势力中明确表态支持晋文公的"友军"，也是晋文公要重点团结的对象。当然，狐氏由于贡献了狐偃、狐毛两位从亡臣子，其地位肯定是要比栾、郤、先更高的。

不过，说整个郤氏都是"内主旧族"其实不准确，因为郤氏内部并不团结，而是分裂成了"当权派"和"造反派"两个派系。一方面，"当权派"领袖郤芮是晋文公竞争对手——晋惠公和他儿子晋怀公的心腹谋臣，长期身居高位，晋文公即位初期曾经尝试要烧死晋文公，事败被杀，儿子郤缺被流放；另一方面，"造反派"成员郤縠（音"胡"）、郤溱（音"真"）一直支持公子重耳，在前636年公子重耳归国夺权时"火线立功"，主动承担了杀死晋怀公的脏活。

三、骑墙旧族卿大夫

除了内主旧族，晋国都城里还有胥、籍、箕、伯、羊舌、董、韩这七个实力雄厚的卿大夫家族。一方面，传世文献没有记载他们支持公子重耳的重要政绩；另一方面，他们也不像郤氏"当权派"（郤芮为族长）和吕氏（吕甥为族长）那样死硬抵抗公子重耳。也就是说，这些家族在公子重耳夺权成功之前是持一种"骑墙"态度，所以我们下面称它们为"骑墙旧族"，称来自骑墙旧族的卿大夫为"骑墙旧族卿大夫"。

狐偃屈居第四，赵衰拒绝君命一让到底

在被庐举行的工作会议上，晋文公与群臣开始商议首届六卿领导班子的人选问题。首先商议分别排第一、第二的中军帅、中军佐人选。晋文公问赵衰对中军帅人选有什么建议。赵衰的回答有两个大同小异的版本，其中《左传·僖公二十七年》的记载如下：

> 赵衰说："郤縠可以。臣下几次听他讲话，这个人喜好礼、乐而厚爱《诗》《书》。《诗》《书》，是道义的府库；礼、乐，是美德的准则。美德、道义，是利益的根本。《夏书》说：'有益的话全部采纳，根据功效加以试验，如果成功，则用车马

服饰作为酬劳。'君主试用一下他吧！"❶

《国语·晋语四》的记载如下：

> 赵衰说："郤縠可以。他已经五十岁了，还坚持学习先王典籍，而且更加敦厚。那先王的礼法记录，是美德、道义的宝库。那美德、道义，是生养民众的根本。敦厚笃定的人，是不会忘记百姓的。请让郤縠当元帅。"❷

无论哪个版本，晋文公都接受了赵衰的建议，于是任命郤氏造反派分支的领袖郤縠为中军帅，排第一；又任命郤氏造反派分支的族人郤溱为中军佐，排第二。

根据《左传·僖公二十七年》的记载，接下来商议排第三、第四的上军帅、上军佐人选。不过，《左传》版本没有记载酝酿过程，因此下面的叙述依据的是《国语·晋语四》版本。晋文公在这时提出要任命

---

❶ 《左传·僖公二十七年》："郤縠可。臣亟闻其言矣，说礼、乐而敦《诗》《书》。《诗》《书》，义之府也；礼、乐，德之则也。德、义，利之本也。《夏书》曰：'赋纳以言，明试以功，车服以庸。'君其试之！"
❷ 《国语·晋语四》："郤縠可。行年五十矣，守学弥惇。夫先王之法志，德、义之府也。夫德、义，生民之本也。能惇笃者，不忘百姓也。请使郤縠。"

赵衰为上军的卿官。赵衰谦让不接受，他说："那三件德政❶，都是出自狐偃的谋划。他辅佐您用美德来治理百姓，成效显著，不可以废弃他。"❷晋文公于是任命狐偃为上军的卿官。狐偃说："我哥哥狐毛的才智超过我，论年龄又比我大。狐毛如果不在卿位，我不敢听从您的命令。"❸晋文公于是任命狐氏族人狐毛为上军帅，排第三；又任命狐氏族长狐偃为上军佐，排第四。

根据《左传·僖公二十七年》的记载，最后商议排第五、第六的下军帅、下军佐人选。不过，《左传》版本没有记载酝酿过程，因此下面的叙述依据的是《国语·晋语四》版本。晋文公再次提出要任命赵衰为下军的卿官，赵衰又谦让不接受，他说："栾枝忠贞谨慎，先轸有谋略，胥臣见多识广，都可以作为您的辅佐，臣下不如他们。"❹晋文公于是任命栾氏族长栾枝为下军帅，排第五；先氏族长先轸为下军佐，排第六。

---

❶ 指狐偃指导晋文公示民以信、示民以义、示民以礼。详见《左传·僖公二十七年》。
❷ 《国语·晋语四》："夫三德者，偃之出也。以德纪民，其章大矣，不可废也。"
❸ 《国语·晋语四》："毛之智贤于臣，其齿又长。毛也不在位，不敢闻命。"
❹ 《国语·晋语四》："栾枝贞慎，先轸有谋，胥臣多闻，皆可以为辅佐，臣弗若也。"

被庐阅兵之后，晋国建立起首届六卿领导班子，各位卿官的位次、官职、人名和族属情况如下：

晋六卿表

（前633年被庐阅兵后）

位次	官职	人名	族属
一	中军帅	郤縠	郤
二	中军佐	郤溱	郤
三	上军帅	狐毛	狐
四	上军佐	狐偃	狐
五	下军帅	栾枝	栾
六	下军佐	先轸	先

此次人事任命有如下四个蹊跷之处：

第一，自曲沃代晋以来，晋国选人任官的基本理念是"尊贤""尚功"，也就是以候选人的才干和功劳为标准；在晋楚即将展开决战的政治背景下，六卿／三军帅佐的任命更加应该是以才干功劳为标准。如果按照这个正常的政治规矩来任命卿官并安排位次的话，那么担任首卿的必然是晋文公事之如父、立有拥立晋文公头功、才干功劳也最为出众的狐偃；而担任次卿的应该是晋文公事之如师、与狐偃长期密切配合、才干功劳仅次于狐偃的赵衰。

因此，在卿班任命会上应该发生的情形是：晋文公向老师赵衰询问中军帅、佐人选，赵衰推荐狐偃担任中军帅，然后晋文公任命赵衰担任中军佐，继续与狐偃搭档。然而，实际上发生的是，赵衰在推荐中军帅人选的时候好像得了失忆症一样，完全忘了狐偃这位德才兼备、劳苦功高的老搭档，直接推荐了一个除了年纪大、爱学习、尊德义之外再没有其他可以公开言说功劳的郤縠（杀晋怀公这种功劳是摆不上台面的），而狐偃在被赵衰遗漏之后也没有表达任何反对意见。

实际上，赵衰这番"迂远而阔于实务"的推荐理由，这不禁让我们想起《鲁士曹刿》中的类似桥段，那就是曹刿声称鲁庄公通过依照实情公正裁决案件而表现出来的忠德足以用来作为鲁国能够迎战强敌齐国的理由，虽然在战场上真正导致鲁国取胜的其实是曹刿破坏军礼的诈谋，与鲁庄公的忠德不仅毫无关系，甚至可以说是背道而驰。

第二，赵衰不仅没有按照常理推荐狐偃担任中军帅，自己也没有按照常理接受晋文公的任命担任卿官，而是两次拒绝晋文公的任命一让到底，而在现场目睹这一切的狐偃也没有提出任何反对意见。

第三，最终任命的六卿来自郤、狐、栾、先四个家族，而这四个家族正好就是当年支持公子重耳回国的四大内主旧族。有意思的是，首卿郤縠所属的郤氏是一个"香中带臭"、从常理考虑并不那么可靠的家族，它的造反派分支自然是有拥立之功，但是它的当权派分支也曾谋划烧死晋文公。

第四，自曲沃代晋以来，晋国政治的一个基本特色就是"无亲"，这与其他遵守周礼"亲亲"原则的中原诸侯国是很不一样的。晋献公甚至专门颁布了一个禁令，禁止除太子之外其他国君儿子留在国内，这个禁令得到了晋惠公、晋怀公的遵守。然而，在这次六卿领导班子任命中，中军帅、佐由近亲郤縠、郤溱包揽，上军帅、佐由近亲狐毛、狐偃包揽，很明显是在宣示新政权对于"亲亲"原则的认同。

老臣顾全大局，引导君主构建和谐卿班

要试图解释上面提到的这些蹊跷之处，我们就一定要跳出这次人事任命本身，来审视它的政治背景。此时晋国最大的政治是：决定晋文公霸业成败的晋楚大战即将开打，而新建立的晋文公政权并没有多大把握战胜已经基本上控制中原的强敌楚国。笔者认为，

狐偃和赵衰作为一直引领着公子重耳/晋文公追求称霸理想的老臣，为了确保他们已经为之奋斗了二十多年的称霸事业能修成正果，很可能已经通过事先协商达成了这样一个基本共识：要利用组建首届六卿领导班子的机会，化解当时卿大夫体系中存在的内部矛盾，加强卿大夫团队的和睦团结，以最好的状态迎接即将到来的晋楚决战。

由于骑墙旧族卿大夫没有任何拥立之功，因此也没有什么筹码与内主旧族卿大夫争权夺利，更别说跟从亡诸臣卿大夫争权夺利，因此，当时晋国卿大夫体系内部的主要矛盾，就是从亡诸臣卿大夫和内主旧族卿大夫之间的矛盾：

一方面，从亡诸臣在公子重耳流亡期间一直辅佐服侍公子重耳，拥立之功无可置疑，而且深得公子重耳信任，在晋文公掌权之后成为卿大夫体系里的"新贵"。新贵中最为耀眼的两位当然就是狐偃和赵衰，他们一个是义父一个是老师，一个是舅舅一个是女婿，虽无上卿之名，却有上卿之实，可以说是晋文公最为倚仗的左膀右臂。

另一方面，栾、郤（造反派）、狐、先四大内主旧族拥立功劳也不可小觑，而且他们原本就是实力雄厚的卿大夫家族，在晋文公掌权之后也是晋文公要重点团结的对象，可以说是卿大夫体系里的"旧贵"。然而，由于从亡诸臣卿大夫强势上位，并且得到晋文公的信任重用，这些内主旧族卿大夫在新政权里的地位很可能比不上从前，两股政治势力产生矛盾也就是在情理之中的事了。

在组建六卿领导班子时，如果就按照个人才干、功劳以及国君信任程度来排位次的话，狐偃、赵衰是毫无悬念的第一、第二，也就是中军帅、中军佐。如果狐偃、赵衰成为首卿、次卿，而"从亡五贤士"中的其他三位——贾佗、魏犫、胥臣又积极争取的话，按照他们的才干、功劳也应该进入卿班。这样一来，整个卿班就会成为从亡诸臣的天下，留给内主旧族栾氏、郤氏、先氏、胥氏的位置最多只有一个了，这样必然会激化从亡诸臣卿大夫和内主旧族卿大夫之间本来就存在的矛盾，而这种情势对于维护晋国卿大夫群体的团结稳定是极为不利的。

细致分析起来，狐偃和赵衰的情况还很不一样。狐偃既是"新贵"从亡诸臣的领袖，又是"旧贵"内主旧族狐氏的族长，就好像一个人两条腿都很强壮，可以说是两个阵营都可以接受的六卿人选。赵衰在"新贵"从亡诸臣群体中的地位仅次于狐偃，而且与晋文公私人关系特别亲近（连襟+翁婿），但是他所率领的赵氏实力单薄不是内主旧族，就好像一个人一条腿强壮一条腿软弱是个瘸子。如果晋文公任命他担任卿官的话，很容易引发内主旧族卿大夫的不满，认为他主要是倚仗着与晋文公的姻亲关系上位。

在上述分析的基础上，笔者尝试着重构狐偃、赵衰事先谋划及现场引导首届六卿领导班子任命的可能过程如下：

在被庐工作会议召开之前，赵衰主动去找狐偃商议，两人一致认为，应该抓住这次任命首届六卿领导班子的机会，来化解从亡诸臣卿大夫和内主旧族卿大夫之间的矛盾，组建一个团结、和谐、一致对外的六卿领导班子。在这个基本共识的基础上，狐偃、赵衰两人达成下列三点具体共识：

第一点，狐偃不谋求原本非他莫属的中军帅职位。在此基础上，赵衰将通过推荐的方式，将中军帅位输送给一位内主旧族的族长。这样一来，内主旧族卿大夫猜疑从亡诸臣卿大夫将会仗恃拥立之功霸占六卿前几位的想法就不攻自破，从亡诸臣和内主旧族之间的矛盾也就消解了大半。

那么，这个最高官职让给哪个家族最好呢？首先，大范围应该是有拥立之功的栾、郤、狐、先四大内主旧族。除去已经想好要谦让的狐氏，以及拥立功劳最小的先氏，范围就缩小到栾、郤二氏。栾、郤二氏之中，郤氏是最好的人选。这是因为，郤氏的造反派分支（以郤縠和郤溱为骨干）在公子重耳归国夺权过程中杀晋怀公立了大功；另一方面，郤氏的当权派分支又出了试图谋杀晋文公的郤芮，这使得郤氏在新政权的名声"香中带臭"。可以想见，如果任命郤氏族人郤縠为中军帅，就能充分体现新政权不计前嫌、宽宏大量的用人格局，让其他没有污点的内主旧族以及骑墙旧族对于自己在新政权中的前途更有信心。

由于狐偃的才干、功劳是郤縠不可能企及的，而郤氏干"脏活"杀晋怀公的功劳又不能拿到会议上明说，因此赵衰只能拿郤縠的其他优点来说事，比如说年纪大、爱学习、尊德义等，虽然这些对于中军帅职位来说根本就不是核心素质。实际上，第二年春二月，南下争霸的晋军刚获得夺取五鹿的胜利，年老体弱的中军帅郤縠就因为受不了军旅劳顿在军中去世，充分证明年纪大还真不是担任中军帅的"加分项"。而郤縠去世之后，接替郤縠的也不是什么爱学习、尊德义的君子，而是运用诈谋带领晋军获得军事胜利的下军佐先轸，足见才干、功劳才是晋国任命中军帅的正常标准。

第二点，狐偃不仅让出中军帅，还让郤氏包揽中军帅、佐。郤縠要是做了中军帅，不可能给他配备狐偃做中军佐，因为郤縠不可能镇得住狐偃这样一位资历老、功劳高的"下级"。所以最好的方案就是，在会议现场由赵衰提出建议，让郤縠的一位族人来担任中军佐，这样郤縠依靠自己在家族里的地位可以保持中军帅、佐和睦，而且这样还充分体现了新政权"惠爱亲戚"的理念，有助于改善晋国在中原地区的国际形象，为晋文公争当中原霸主提供国际舆论支持。

实际上，第二年春二月，郤縠去世后，空出的中军帅位置并没有按照常理被中军佐郤溱向上递补来接替，而是被连升五级的功臣先轸所占据，进一步说明安排郤溱来担任中军佐，完全就是战前为了构建和谐领导班子而实施的权宜之计。

第三点，赵衰不谋求上军的职位，而将与狐偃互相配合，确保狐氏像郤氏那样包揽上军帅、佐。这样安排的道理是非常明显的：如果没有从亡功劳的郤縠、郤溱都能包揽中军职务，那么，兄弟二人都是从亡功臣、父亲狐突还是烈士的狐毛、狐偃当然更有理由包揽上军职务。那么赵衰和狐偃两人如何配合呢？首先，在会议现场，由赵衰推荐狐偃出任上军职务。这个提议一出，没有人敢反对，这是因为，要是狐偃连上军帅、佐都当不上，那就有点不合情理了，其他国中旧族谁也不敢占据上军职务，而把狐偃挤到下军去。接下来，狐偃以才智、年龄为理由把上军帅让给狐毛，而狐偃自然担任上军佐，一方面确保狐氏二兄弟把上军帅、佐全部占住，另一方面还能显示出狐偃谦让兄长，进一步烘托"惠爱亲戚"的和谐氛围。

这三点共识之外，赵衰可能对狐偃有所隐瞒，没有清楚地表明自己将"一让到底"谢绝所有卿位，而是让狐偃以为自己会接受下军帅、佐职位。从狐偃的角度来说，他以为最后的结果会是自己当上军佐（第四），赵衰当下军帅（第五），狐偃在前、赵衰在后，两人相差一位，这倒也算是合理。从赵衰的角度来说，这次应该是一开始就想好了要"一让到底"，连下军帅、佐也不做，让栾、郤、狐、先四大内主旧族剩下的栾氏、先氏都能有人出任卿职。

这样商量好以后，赵衰和狐偃就像当年在流亡期间经常做的那样，娴熟地引导着晋文公按着他们事先确定的人事布局去任命六卿：

首先，在任命中军帅、佐时，晋文公很自然地向他的老师赵衰询问中军帅人选，没想到赵衰却没有按照晋国人最熟悉的"才干""功绩"标准推荐狐偃，而是以"年纪大""爱学习""尊德义"为理由推荐了郤縠，而狐偃在当场也没有表示出任何不满。看到狐偃、赵衰配合默契的举动，晋文公在此时估计已经明白，两位老臣对此次任命有所布局，已经定下了"用谦让换团结"的调子。晋文公自然不会反驳赵衰来破坏这种布局，于是顺着赵衰的意思任命了郤縠、郤溱为中军帅、佐。

接下来，在任命上军帅、佐时，晋文公猜测狐偃、赵衰不可能再谦让了，于是直接提出任命赵衰担任上军卿官，以为赵衰会接受上军佐，而将上军帅让给狐偃。没想到赵衰自己拒不接受，而是推荐狐偃，狐偃又推自己的哥哥狐毛，最终狐氏兄弟二人占据上军帅、佐。

最后，在任命下军帅、佐时，晋文公猜测赵衰这次不会再谦让了，于是直接提出任命赵衰为下军卿官。这一回，让晋文公和狐偃都没料到的是，赵衰又拒不接受，把最后两个卿位让给了栾枝和先轸。

总而言之，此次六卿任命中，狐偃、赵衰顾全争霸大局，成功地引导晋文公任命了一个从亡诸臣领袖主动谦退、内主旧族卿大夫占主导地位的六卿领导班子，有力促进了这两股政治势力的和解和团结，为即将到来的晋楚决战做好了组织人事方面的准备。

谦退积蓄德望，赵衰以退为进终成卿官

表面上看，这次卿班任命最大的受益者是"被中军帅"的郤縠，但实际上，这次卿班任命最大的受益者，恰恰是一让到底什么都没得到的赵衰。赵衰高风亮节的行为不仅使自己成为"既有拥立大功，又有谦让大德"的模范大臣，也成为郤縠、郤溱、栾枝、先轸等人的感恩对象。

前632年春二月，中军帅郤縠在军中去世，下军佐先轸连升五级担任中军帅，这样一来，下军佐的位置就空了出来。晋文公第二次想要任命赵衰为卿，接替先轸担任下军佐，然而赵衰第二次谦让推辞，并且推荐"五贤士"之一的胥臣担任这个职务。胥臣既是有拥立功劳的从亡诸臣，又是国中旧族胥氏的成员，可以想见，赵衰这第二次让位之举使他无论在从亡诸臣那里还是在国中旧族那里都赢得了美誉，也使得他成为胥臣的感恩对象。

前629年之前，上军帅狐毛去世，而上军佐狐偃并没有向上递补，上军帅的位置因此空了出来。晋文公第三次想要任命赵衰为卿，接替狐毛担任上军帅。赵衰可不打算成为老上级狐偃的领导，他第三次谦让推辞，说："在城濮之战中，先且居辅佐军务有成效。

立军功应该奖赏，辅佐君主做正确的事应该奖赏，胜任职务应该奖赏。先且居有这三种应当受到的奖赏，不可不重用他。况且像我这样同等才能的，还有箕郑、胥婴、先都他们在呢。"❶于是晋文公任命先且居担任上军帅。先且居是先轸的儿子，可以想见，赵衰这第三次让位之举进一步巩固了自己的德望，也使得他成为先轸、先且居、箕郑、胥婴、先都等人感恩的对象。

到此为止，赵衰三次谦让不任卿职，为他积累了极高的德望：现任六卿之中，狐偃是他的老搭档，其他五位——先轸、郤溱、先且居、栾枝、胥臣——都对他抱有感恩之情，这么高的德望已经足以填平赵衰和其他现任六卿之间因为家族地位而造成的政治势差。虽然这六位卿官从各自的家族利益出发，没有人会主动让出自己的卿位给他，但是当晋文公下决心要想别的办法任命赵衰成为卿官时，大家自然都乐观其成。

晋文公说："赵衰已经三次谦让卿职了。他三次谦让时推荐的人才，都成为国家的栋梁之臣。废弃谦让的人，就是废弃大德。"❷当时晋国正准备扩大军队规

---

❶ 《国语·晋语四》："城濮之役，先且居之佐军也善。军伐有赏，善君有赏，能其官有赏。且居有三赏，不可废也。且臣之伦，箕郑、胥婴、先都在。"
❷ 《国语·晋语四》："赵衰三让。其所让，皆社稷之卫也。废让，是废德也。"

模，晋文公于是在前629年在清原❶举行阅兵，在中、上、下三军基础上增加新上军、新下军，这两军的帅、佐也是卿职。晋文公任命赵衰为新上军帅，并且根据赵衰的推荐任命箕氏族长箕郑为新上军佐，胥氏族人胥婴为新下军帅，先氏族人先都为新下军佐，终于在不损害现任六卿利益的前提下通过"扩容"这个办法让赵衰成为卿官，而赵氏也从此由大夫族升级成为卿族，与栾、郤、狐、先、胥、箕等由国中旧族转变而来的卿族并驾齐驱。

前628年时，狐偃已经去世，上军佐出缺，上军帅先且居向晋文公请示上军佐人选。晋文公说："那赵衰的三次谦让都不违背道义。谦让，是为了推举贤才。道义，是为了推广美德。美德推广开来，贤才就会来了，国家还有什么忧患呢？我想让赵衰跟您在一起。"❷于是赵衰从新上军帅连升三级，成为上军佐。从晋文公再次以赵成子（即赵衰）"三让卿职"为理由提拔他，也可以看出赵成子前期的"抑"为后期的"扬"积蓄了多大的势能。

赵衰这种"以谦让换德望，以德望促升迁"的

---

❶ 清原见图2。
❷ 《国语·晋语四》："夫赵衰三让不失义。让，推贤也。义，广德也。德广贤至，又何患矣？请令衰也从子。"

策略，应该不是他的自创，而是来自贤妻赵姬的启发。赵衰在陪同公子重耳流亡白狄期间娶了第一位妻子——狄女叔隗（音"伟"），生了第一个儿子赵宣子。前644年赵衰陪同公子重耳离开白狄前往齐国，因为主公公子重耳都没有携带自己的妻子季隗，赵衰当然也只能把自己的妻子叔隗和幼子赵宣子留在了白狄居地。从此之后，赵衰与叔隗、赵宣子就断了联系。

前636年晋文公即位之后，把自己的女儿嫁给了赵衰，成为赵衰的嫡妻赵姬，为赵衰陆续生下了赵同、赵括、赵婴齐三个嫡子。如果不出意外的话，赵衰就会与赵姬这样一直幸福地生活下去，然后立嫡长子赵同为赵氏继承人。

然而，赵姬向赵衰提出请求，要求赵衰将已经抛弃在白狄多年的叔隗和赵宣子迎回到晋国都城。赵衰可能是认为赵姬这个"自找麻烦"的提议不合常理，应该是来自岳父兼君上晋文公的试探，所以连忙推辞说自己绝对没有这个想法。没想到，这完全就是赵姬自己的主意，她意识到丈夫的推辞是捉摸不透自己这样提议的动机，于是解释说："如果得到尊宠就忘记旧人，这种德行的人凭什么成为高官使唤他人？一定要把叔隗接回来！"❶赵姬的意思是，她是从丈夫的事业

---

❶ 《左传·僖公二十四年》："得宠而忘旧，何以使人？必逆之！"

发展角度考虑问题，认为将首任妻子接回来有利于帮助丈夫塑造一个"有情有义不忘本"的德义形象，是完全合情合理的提议。

在赵姬诚恳的请求下，赵衰终于放下戒备，接回了叔隗和赵宣子。在和叔隗、赵宣子共同生活了一段时间之后，赵姬接下来的举动更加令人感佩：她认为赵宣子比自己生的嫡子更加贤能，是继承赵氏家业最合适的人选，于是坚决请求父亲晋文公同意，将赵宣子立为赵衰的嫡子，让自己的三个本是嫡子的儿子排在他下面做庶子；又把叔隗立为赵衰的嫡妻，自己放弃嫡妻身份，排在叔隗下面做妾。

总而言之，赵姬主动要求赵衰接回他的初妻叔隗和首子赵宣子，帮助赵衰树立了有利于他在官场发展的德义形象；赵姬立赵宣子为嫡子、立叔隗为嫡妻，帮助赵衰选择了最为贤能的赵宣子作为赵氏继承人。笔者认为，赵姬的这两次谦让行动，让赵衰看到了谦让能带来的巨大好处，为赵衰后来"通过三次谦让积累政治资本"的谋略指明了方向。因此，我们这里讲的这个"顾全大局"的故事，其最初的缘起，其实是一位用嘉言懿行感化了自己丈夫的贤妻。

【庚午】

智取州县：大国博弈背后的跨国资产运作

和谐的表象：
一次增进晋郑友好的土地赏赐

公元前539年夏四月，郑国君主郑简公前往中原霸主晋国，朝见晋平公。在接下来的外交活动中，辅相郑简公行礼的是在郑国六卿领导班子中排第三的伯石（第一是当国卿子皮，第二是执政卿子产），他也是郑国卿族丰氏的族长，以父亲子丰的字"丰"为氏。

伯石在整个活动过程中表现得非常恭敬谦卑，他所辅相的礼仪也没有出现任何差错。晋平公对伯石赞赏有加，当场授予他赏赐土地的简策，说："你的父亲子丰昔日对晋国有功劳，我听说之后一直不能忘记。我要赐给你晋国州县❶的土田，来答谢你先父旧日的功勋。"❷伯石马上下拜行大礼，接受了赐地简策后退了出去。

晋平公和郑卿伯石之间的这次互动看似和谐美好，若仔细推敲，却令人疑窦丛生：

首先，位于晋国南部的州县与郑国不仅不接壤，中间还隔着一条河水（黄河），晋平公为什么要把这么

---

❶ 州见图2、图3和图6。
❷ 《左传·昭公三年》："子丰有劳于晋国，余闻而弗忘。赐女州田，以胙乃旧勋。"

一块伯石根本无法实际占有的"飞地"赐给他?

其次,晋国赏赐州县的理由也是非常蹊跷。且不说《左传》等传世文献对于子丰的旧日功勋没有任何记载,就算子丰真的对晋国有什么重大功勋,那么,既然当时的晋国先君都没有赏赐子丰,为什么作为后辈的晋平公突然这么主动地赏赐他的儿子伯石?

第一层内幕:
大国"文斗"与代理人之争

要解开这些疑团,我们得从当时的国际形势说起。

七年前,也就是前546年,武力争霸接近一百年的两个大国——晋国和楚国在战略层面达成共识,停止分不出胜负的争霸战争,像郑国这样长期被晋、楚轮番蹂躏的中间地带国家因此迎来了和平发展的战略机遇期。不过,晋、楚之间的竞争并没有停止,只是从"武斗"变成了"文斗",而郑国仍然是晋、楚两国争夺的"绣球":晋国希望郑国继续坚定地跟从自己,以向世人展示自己仍然是中原霸主;楚国则希望与郑国发展更密切的关系,体现自己对晋集团成员国的影响力,从而抬高自己的南方霸主地位。晋、楚两国都有求于郑国，又都决定不再诉诸武力来达到目的，这就使得"拉拢渗透"成为两国对郑政策的"新常态"。

要拉拢郑国，该如何下手？楚国采取的策略是在郑国六卿领导班子里寻找一个合适的"代理人"，而他们盯上的人就是伯石。为什么呢？

第一，伯石位高权重，足以影响郑国政局。他在六卿领导班子里排第三，仅次于执政卿子产，是郑国高层实权人物，也是下一任执政卿的当然人选。

第二，伯石是"有缝的蛋"，容易渗透拉拢。前543年，郑国六卿领导班子有了一个空缺，当执政卿子产派太史去任命候补的伯石为卿官时，伯石公开推辞。然而，太史刚退下，伯石又派人出去请求太史任命自己。就这样表演了一出"三推三就"的戏码之后，伯石才接受任命。伯石渴求权势而又贪慕美名，在这件事情上体现得淋漓尽致。

第三，伯石和子产之间矛盾很深，因此可以通过操纵伯石来破坏郑国高层团结，植入楚国的政治意志。在那次"三推三就"事件之后，子产就非常厌恶伯石的为人，两人之间从此有了嫌隙。后来，在子产发动的一次高层整风运动中，子产故意将伯石大儿子子张的生活作风问题闹大，迫使"一把手"子皮出面驱逐了伯石大儿子，❶这无疑使得两人间的矛盾变得更加尖锐。

于是，就在子张在外流亡期间，楚国令尹王子围（相当于郑国执政卿）果断出手，在前541年亲自到了郑国，迎娶伯石的女儿为妻。为了防止王子围与伯石联手在郑国都城内发动武力政变干掉自己，子产也采取了果断行动。他冒着得罪楚国的风险下令：王子围的护卫军必须全部解除武装，就连箭袋里的箭也要全部倒掉，不然就不能跟随王子围进城迎娶新妇。

成婚之后，郑卿伯石就成了楚国第一大权臣王子围的岳父。让伯石大喜过望的是，就在同一年，早有不臣之心的王子围杀了楚王郏（音"夹"）敖篡位成功，也就是后来的楚灵王。也就是说，在一年之内，伯石从楚执政卿的岳父升级成为楚王的岳父。这样一来，伯石可以倚仗女婿的势力提升自己在郑国六卿班子里的话语权，而楚灵王可以通过伯石来干涉郑国内政使其偏向楚国，可以说是"各取所需，皆大欢喜"。

---

❶ 这次冲突的简要经过是：子张准备举行一场家族祭祀，请求当局允许他打猎获取新鲜猎物作为祭品。执政卿子产以"这样做是违背礼制、僭越国君"为由拒绝了子张。子张大怒，准备召集亲兵攻打子产，子产出奔晋国，以此逼迫当国卿子皮表态。子皮果断出手驱逐子张，迎回子产。

你娶伯石女儿，我就送伯石土地。在楚国"先下手为强"用联姻拉拢伯石的背景下，晋国执政卿韩宣子向晋平公进言，请求找个冠冕堂皇的借口将州县赐给伯石，而这样做的理由自然是服务国家争霸战略，谋求在晋、楚"文斗"中扳回一局。因此，笔者认为，这次郑简公前来晋国由伯石而不是他人负责相礼，伯石相礼时格外恭敬让旁人挑不出毛病，晋平公因此"感动"而回忆起伯石父亲旧日功劳，为了感谢旧日功劳而将州县赐给伯石，所有这一切都应该是源自韩宣子编制、晋平公和伯石事先都已经熟记于心的"脚本"，而伯石在晋国朝堂上的出色表演也使得此次战略性的贿赂行动得以顺利完成。

第二层内幕：
晋国三大卿族围绕州县的博弈

那么，为什么赐予伯石的是州县这块与郑国并不接壤的"飞地"，而不是位于晋郑边境的其他城邑？这是因为，州县是晋国三大卿族韩氏、范氏、赵氏长期争夺的一块公有地产（公邑），而韩宣子提出将州县赐予伯石，在明面上自然是为了增进国家利益，而在私底下则是为了最终拥有州县而走的一步"迂回棋"。

州县是一块有故事的土地。它位于南阳地区，本来直属于东迁的周王室。前635年时，周襄王为了感谢晋文公的勤王之功，将包括它在内的南阳地区赐给了晋国。成为晋国领土之后，州县和毗邻的温县❶曾经被合并成为一个县，后来又被分成了两个县，单列的州县先后曾经是卿族郤氏、栾氏的封邑。晋平公赐州县给伯石那年的十一年前（前550年），栾氏被灭族，州县又回到晋平公手中，成为公室直辖的公邑。

这时，晋国六卿领导班子里排第一的是执政卿范宣子，排第二的是赵文子（就是那位著名的"赵氏孤儿"），排第三的是韩宣子，他们都想要得到这块刚充公的地产。在晋国君权衰弱、六卿实际控制朝政的背景下，如果他们三人能就州县归属达成一致，晋平公也只能点头同意。

在三方谈判现场，赵文子自信满满，首先发话。他说："曾经与州县合并在一起的温县，现在是我的封地。"❷值得注意的是，温县还不只是赵氏的一个普通私邑，而是赵氏的核心城邑，相当于诸侯国的首都。赵

---

❶ 温见图2、图3和图6。
❷ 《左传·昭公三年》："温，吾县也。"

文子的言下之意是，州县跟赵氏核心城邑原本就是一体，因此我比任何人都更有理由获得州县。

没想到，两位宣子早就针对赵文子的这条理由做过准备，他们反驳说："自从郤称将温县和州县划分为两个县之后，州县已经单独传了三家了。晋国将一个县分成两部分，这种情况不止州县，有谁能按划分前的情况去占有治理它？"❶

作为赵氏灭而复立后的第一任族长，赵文子深知当年正是因为赵宣子过于强势得罪晋国公室和其他卿族，才导致赵氏在赵括担任族长期间一度被灭族。他看到自认为很有把握的理由已经被另外两位卿官驳倒，担心继续不讲道理地争斗下去，不仅会损害自己一直在着力培育的良好声誉，还有可能再将赵氏拖入到风险无上限的卿族政治斗争中。此外，此时赵文子很可能已经开始谋划转变赵氏的发展战略，从争夺州县所在的晋国南部"红海"地区转为开拓晋国北部"蓝海"地区（详见下文）。因此，赵文子决定悬崖勒马，当场宣称放弃对州县的领地诉求，以高姿态退出了这场争夺。

---

❶ 《左传·昭公三年》："（温、州）自郤称以别，三传矣。晋之别县不唯州，谁获治之？"

两位宣子连赵文子那样的理由都没有,知道这样争下去除了撕破脸武斗不会分出胜负,于是说:"我们不可以对别人义正词严,然后自己又参与争夺州县。"❶ 于是两位宣子也都表示放弃,三方谈判就这样不了了之。

前548年范宣子去世,赵文子当上了晋国执政卿。他的长子赵获说:"现在您大权在握,可以争取州县了。"❷ 赵文子说:"你退下!那两位说的话,是合乎正义的。违背正义,是会遭祸的。我连自己现有的县都治理不好,又再多要个州县做什么?难道是为了招揽祸患吗?君子说:'最难办的是不懂道理。'如果懂了道理却不遵循它,那就没有更大的祸难了。我们家族内部谁敢再提州县,必死!"❸ 也就是说,赵文子进一步明确了赵氏在这件事上的原则立场,那就是坚决避开围绕州县的卿族争斗。

---

❶ 《左传·昭公三年》:"吾不可以正议而自与也。"
❷ 《左传·昭公三年》:"可以取州矣。"
❸ 《左传·昭公三年》:"退!二子之言,义也。违义,祸也。余不能治余县,又焉用州?其以徼祸也?君子曰:'弗知实难。'知而弗从,祸莫大焉。有言州,必死!"

韩宣子资产运作第一步：
将州县转移到"自己人"手中

介绍完这两层背景之后，让我们回到本文开篇的前539年。这时，先前与韩宣子争夺州县的赵文子、范宣子都已去世或告老退休，赵氏新族长赵景子、范氏新族长范献子在新一届六卿领导班子中分别排第二和第五，都是韩宣子的下级。韩宣子作为执政卿，有了主持国政的权力，可以更方便把自己的私事"夹带"到国事中去。

当时，楚国令尹王子围已经先下手以联姻为手段拉拢伯石，而在韩宣子看来，这正是一个可以"公事私事一起办"的绝佳机会。原来，当时晋国各仆从国的卿官往往会在晋国卿大夫中认一个"主"，也就是今天说的"靠山"：各仆从国卿官到晋国访问时，没有"主"的只能住在国家宾馆里，而有"主"的可以直接住到"主"的家里。这种做法倒未必是什么见不得人的潜规则，而很可能是西周时周王室为了促进各诸侯国卿大夫友好往来的制度遗存。像伯石这样贪图权势利益的人，自然是要在晋国认一个"主"的，而他攀附的卿族正好就是韩氏。

由于韩宣子和伯石有这么一层私人关系，所以韩宣子想出了一个打破州县归属纠纷僵局的妙计，那就是利用自己现在是晋国执政卿、伯石会一心一意攀附自己的"势"，以服务国家战略、通过赐地与楚国争夺伯石为名，先把州县从没有归属、众人觊觎的公有资产转变为有明确归属、在"自己人"手里的封邑。这一步理由完全正当，其他有争夺之心的正卿也举不出什么正当理由来反对。由于伯石根本没有可能真正占有州县这块"飞地"，他在这里面所起到的作用就相当于一个"保险柜"，将州县暂存起来，等待韩宣子日后找到更好的机会将其最终据为己有。

韩宣子资产运作第二步：
将赐地转变为"土地占有额度"

前535年，伯石去世。郑国执政卿子产抓住丰氏新族长子旗（伯石小儿子）还没有树立起政治权威的窗口期，在同年访问晋国时，"代表"子旗把州县交给韩宣子，说："先前贵国君主认为那伯石能够履行他的职责，因而赐给他州县的土田。如今伯石不幸去世了，没机会长久享受贵国君主的恩德。他的儿子不敢拥有州县，又不敢直接告诉贵国君主让他不快，私下里先把它交给您。"❶当年晋平公说赏赐州县给伯石是因为他父亲子丰的功勋，而现在子产说赏赐州县给伯石是因为伯石在前539年辅相行礼尽职尽责。这进一步说明，其实赏赐州县给伯石，与伯石或者他父亲的功劳都没什么关系。

韩宣子推辞不接受。子产说："古人有话说：'父亲砍了一堆柴，儿子背都背不动。'子旗唯恐不能承担先人的俸禄官职，更何况是承担大国的恩赐？即使您执政的时候可以平安无事，以后如果晋、郑两国不巧有了边境方面的争执，我国获了罪，到了那时，曾受晋国重赏的丰氏恐怕就要接受大的惩罚。您取回州县，是免除了我国未来可能会犯的罪，而支持了丰氏。敢请您以此收下。"❷

韩宣子于是接收了州县的土地簿册，然后按照常规将其交给了晋平公。晋平公接受了州县之后，又把它回赐给了韩宣子。韩宣子表示，当初他和范宣子约定过两人都不要拥有州县，这块封地他是不方便接受

---

❶ 《左传·昭公七年》："日君以夫公孙段为能任其事，而赐之州田。今无禄早世，不获久享君德。其子弗敢有，不敢以闻于君，私致诸子。"
❷ 《左传·昭公七年》："古人有言曰：'其父析薪，其子弗克负荷。'施将惧不能任其先人之禄，其况能任大国之赐？纵吾子为政而可，后之人若属有疆场之言，敝邑获戾，而丰氏受其大讨。吾子取州，是免敝邑于戾，而建置丰氏也。敢以为请。"

的。然而国君的赐命也不好违抗，正好当时宋国执政卿乐大心也接受了晋国赐予的"飞地"原县❶，于是韩宣子和乐大心做交换，韩宣子最后得到了原县，而乐大心的"飞地"从原县变成了州县。

这一连串的资产运作背后，是子产、韩宣子、晋平公、乐大心之间微妙的政治博弈：

首先，子产为什么要将州县交给韩宣子？

这是因为，子产通过这样做，在国际政治层面消除了晋郑关系的隐患，拉近了与晋国执政卿的关系；在国内政治层面成功切断了丰氏与晋国之间的"代理人"联系，巩固了自己的执政卿地位。至于交还州县是子旗主动提出，还是子产强迫子旗同意，已经无从知晓，笔者倾向于后者。子产把州县交给韩宣子而不是晋平公，理由也完全是摆到台面上说的：直接把州县退还给晋平公恐怕会有违抗先前晋平公赐命、蔑视晋平公的嫌疑，于是交给总领晋国朝政的韩宣子，请他酌情处理。

第二，韩宣子为什么没有将州县直接据为己有，而是秉公办事将其交还给晋平公？

这是因为，如果韩宣子就这么直接占有州县，范

---

❶ 原见图2、图3和图6。

氏宗主范献子很可能会重提当年他父亲范宣子与韩宣子达成过的"君子协定"，指出韩氏并不比范氏更有理由获得州县，进而指出韩宣子这样做是破坏旧日协定、以权谋私，因为子产将州县交给韩宣子的目的是通过韩宣子将其交还给晋平公，而不是将州县赠予韩宣子。那么，韩宣子难道就不怕晋平公把州县收归公室不再封赏给卿大夫，或者赐给其他卿大夫而不赐给韩宣子？这是因为韩宣子对于下一段讲到的晋平公思路了如指掌，知道晋平公一定会把州县再赏赐给他。

第三，晋平公在接受韩宣子交还州县之后，为什么把州县又赐给韩宣子？

从《左传》的相关记载我们可以知道，晋平公并不甘心做一位傀儡君主，他虽然没有能力彻底改变当前晋国君权旁落卿大夫的格局，却也一直在寻找机会"挑动卿官斗卿官"，通过这种方式来破坏六卿集团的内部平衡，从而增强他作为"总调停人"的权威。晋平公将州县赐予韩宣子，在台面上说起来也合情合理：州县从很早开始就是卿族私邑，公室只是暂时托管，肯定要重新分封出去。既然韩氏、范氏两家都没有什么特殊理由取得州县，那么君主当然就按照六卿排序赐给排在首位的韩宣子。而晋平公这样做的实际目的，是希望充分利用围绕着州县的争议，通过赐州县给韩宣子来激化韩宣子和范献子之间的矛盾，把事情闹大，因为事情闹得越大对他越有利。

韩宣子当然明白，就这样接受晋平公赏赐、直接占有州县很可能会引起范献子的挑战。于是，他走出了关键的第二步，那就是灵活诠释晋平公的指示精神，把到手的州县理解为一个国君恩赐、不好推脱的"土地占有额度"：既然和范宣子有言在先，约定韩氏、范氏都不得占有州县，那么韩宣子就通过与宋卿乐大心进行置换，让州县重新变成赐予外国执政卿、服务国家战略的"飞地"，而自己则最终获得了一个价值相当，而范献子完全没有旧账可以翻的原县。

最后，对于宋国执政卿乐大心而言，反正无论是原县还是州县，都是有名无实的"飞地"，而如果将原县换成州县，就能够帮助韩宣子完成扩大封地的资产运作，从而达到讨好晋国执政卿的目的，对宋国、对自身都有益无害，何乐而不为？

韩宣子在前535年得到原县之后，暂时归属宋卿乐大心的州县命运如何呢？根据《史记·韩世家》的记载，最终州县还是归了韩宣子。考虑到州县作为宋卿"飞地"的不稳定地位，韩宣子长期担任执政卿（前540年—前514年）所积累的权势，以及韩宣子假公济私进行资产运作的高超能力，这样的结局并不令人意外。

从上面的剖析可以看出，"韩宣子智取州县"是在晋、楚两大国"文斗"大背景下，由晋国高官韩宣子策划实施，涉及晋、楚、郑、宋四国君主和正卿级高官的"资产运作"大案。通过辗转腾挪的资产运作，将大额资产合法合规地转移到私家名下，这是自古以来高官贪腐的常用伎俩。就笔者目力所及，记载在先秦儒家经典《春秋左传》里的"韩宣子智取州县"可能是古代文献中最早的高官复杂资产运作案例。从这个意义上说，韩宣子可以说是当下那些费尽心机运作资产、攫取财富的贪官祖师爷。

红海vs蓝海：
六大家族的地缘发展战略抉择

韩宣子最终拥有州县之后，又做了一个重大决定，那就是将韩氏的核心城邑（相当于诸侯国的都城）迁到州县。也就是说，在韩宣子时期，位于南阳地区的州县成为韩氏的核心城邑。韩宣子去世后，他的儿子韩贞子又将核心城邑迁到位于临汾盆地的平阳❶。这一系列行动奠定了韩氏占据晋国中南部的基本态势，而平阳也成为三家分晋后韩国的第一个都城。无论是南阳地区，还是临汾盆地，都属于晋国人口最密集、经济最发达的核心区。所以说，韩国在三家分晋时分到的是晋国母体最为肥美的一部分。

既然谈到了韩氏在春秋晚期的核心城邑所在，那我们就干脆说开去，把当时其他五个晋国卿族——赵氏、魏氏、知氏、范氏、中行氏的情况一并探讨一下。实际上，对于当时都想要扩大私人领地、"化家为国"的六大卿族来说，他们有两个地缘发展战略可以选择：

一个是"红海"战略，也就是走一条"内卷"的路。留在经济发达、人口密集的晋国中南部地区（临汾盆地、运城盆地和南阳地区），运用各种手段与其他卿族争夺该地区开发程度已经很高的城邑和农田。一直选择这个战略的除了韩氏，还有魏氏、知氏❷。

一个是"蓝海"战略，也就是走一条"外翻"的路。跳出晋国中南部发达地区，在地广人稀的边境地区驱逐戎狄、开疆拓土，将新开拓的疆土变成自己的

---

❶ 平阳见图2和图6。
❷ 临汾盆地、运城盆地见图6。

私邑，然后从头开垦新农田、建设新城邑。晋国西边是河水（黄河）和秦国，南边是中原主要诸侯国，开拓难度都很大，所以"蓝海"战略开疆拓土主要是另外两个方向：一个是"北上"，就是向北占据没有其他主要诸侯国控制的太原盆地及其周边地区；还有一个是"东进"，就是向东越过太岳山脉，占据没有其他主要诸侯国控制的长治盆地及其周边地区；以及再向东越过太行山脉，占据没有其他主要诸侯国控制的河北平原。选择这个战略的有赵氏、范氏、中行氏❶。

一、赵氏

赵氏的核心城邑原本是位于"红海"南阳地区的温县。赵氏踏上开拓"蓝海"的征程，正是在赵文子时期。前581年赵氏重新立族，"赵氏孤儿"赵文子担任整个赵氏的族长，以及赵氏大宗的宗主。当时赵氏内部最大的矛盾，就是以赵衰为始祖的赵氏大宗和以赵夙为始祖的赵氏小宗之间的矛盾。为了缓解这个矛盾，赵文子主动指派或是被动允许赵氏小宗离开"红海"地区，前往"蓝海"河北平原开拓自己的根据地。赵氏小宗也很争气，到前550年时，赵氏小宗已

---

❶ 太原盆地、太岳山、长治盆地、太行山见图6。

经在河北平原上建立了邯郸邑❶。

受到赵氏小宗成功开拓"蓝海"地区的鼓舞，赵文子担任宗主的赵氏大宗也开始筹划"蓝海"战略，他盯上的地盘是临汾盆地以北的太原盆地。正是在这样的背景下，我们才可以理解，前550年至前540年间赵、韩、范三家就州县归属展开博弈时，为什么赵文子发现形势不妙就马上决定高姿态退出。不过，赵文子去世前夕，赵氏的核心城邑还是南阳地区紧贴州县的温县。

到了赵文子之孙赵简子担任赵氏族长和大宗宗主的时期，赵氏大宗全面实施"蓝海"战略，赵氏的核心城邑已经向北迁徙到了太原盆地北部的晋阳，并且与位于太原盆地以北的代国❷通婚。赵文子、赵景子、赵简子的一系列行动奠定了赵氏雄踞晋国北部的基本态势，而晋阳在三家分晋之后也成为赵国的第一个都城。

二、魏氏

如前所述，魏氏选择的是"红海"战略。据《史记·魏世家》，前563年晋悼公赏赐魏庄子金石之乐

---

❶ 邯郸见图2和图6。
❷ 晋阳见图2和图6，代见图2。

后，魏庄子将核心城邑从霍迁到安邑❶，也就是从"红海"地区的北部边缘迁到了中南部腹地。这次迁徙奠定了魏氏占据晋国中南部的基本态势，而安邑在三家分晋之后也成为魏国的第一个都城。

三、知氏

如前所述，知氏选择的是"红海"战略，其春秋晚期的核心城邑不明，但一定在晋国中南部地区，很可能就是其始封邑——知邑❷。

四、范氏

范氏虽然参与了争夺州县的博弈，但是并没有什么收获，它的发展战略主线仍然是"蓝海"战略，其春秋晚期的核心城邑是位于河北平原上的朝歌❸。

五、中行氏

如前所述，中行氏选择的是"蓝海"战略。大概在前594年中行桓子灭赤狄潞氏之后，中行氏就已经

---

❶ 霍、安邑见图2和图6。
❷ 知见图2和图6。
❸ 朝歌（即卫1）见图2和图6。

占据了位于长治盆地东北角的潞邑❶,将其作为自己的核心城邑。

到前497年范-中行之乱——也就是六大卿族内战之前,这六个已经达到"准诸侯国"水平的卿族的核心城邑所在地区及其他私邑分布如图6所示。这次内战分为两个阶段:

第一阶段(前497年),赵氏内部发生分裂,晋阳赵氏(大宗)迫使邯郸赵氏(小宗)发动叛乱,随后邯郸赵氏与范氏、中行氏联合,与晋阳赵氏、魏氏、韩氏、知氏展开内战,最终晋阳赵-魏-韩-知集团获胜,范-中行-邯郸赵集团丧失在国都的宅邸,退到各自核心城邑继续抵抗。

从图6我们可以清楚地看到,晋阳赵氏、魏氏、韩氏、知氏的核心城邑都位于晋国西部,涵盖"红海"临汾盆地、运城盆地和"蓝海"太原盆地,可以被认为是"西部卿族集团";而范氏、中行氏、邯郸赵氏的核心城邑位于晋国东部,包括"蓝海"长治盆地周边地区以及"蓝海"河北平原,可以被认为是"东部卿族集团"。也就是说,第一阶段内战,其实就是西部卿族集团和东部卿族集团之间的战争,最终获胜的是占

---

❶ 潞见图2和图6。

据晋国发达地区的西部集团。

第二阶段（前496年—前492年），晋阳赵氏与范-中行-邯郸赵集团在晋国东部展开内战，最终将范氏、中行氏、邯郸赵氏驱逐出境。

这四个家族的核心城邑都位于"蓝海"地区，也就是说，第二阶段内战，其实就是采取"蓝海"战略的四个家族之间的战争，最终获胜的是族长最为英明、"国内"经济政策最为宽容的晋阳赵氏。

【辛未】

四国大火：星象解读背后的跨国纵火行动

前奏：

上天垂象，火灾预言四起

前525年初冬，中原各诸侯国的人们在夜空中看到了一颗彗星，彗头在一颗叫"大火"的亮星附近，彗尾向西延伸至银河。实际上，这个"彗星扫大火"的天象在一年前（前526年）就已经出现过。大火星是中国星宿系统"东方苍龙"里的心宿二，对应西方星座系统里的天蝎座 α 星，中原地区每年阳历五月到十月可在日落到午夜之间清楚地看到它。大火星是一颗红色的一等亮星，春秋时的人们认为它与人间用火、禁火、火灾等火政密切相关。

就在"彗星扫大火"天象高悬在夜空之时，鲁国占星家申须公开预言说："彗星，是上天用来除旧布新的。天事一直象征着人事吉凶。如今彗星扫除大火星，明年大火星再次出现时，火灾必然要在人间散布。诸侯恐怕会有火灾吧？"❶

另一位鲁国占星家梓慎进一步预言说，火灾将在明年周正五月壬午日（五月十三日）在宋、卫、陈、

---

❶ 《左传·昭公十七年》："彗，所以除旧布新也。天事恒象。今除于火，火出，必布焉。诸侯其有火灾乎？"

郑四国发生：

去年我就见到过，当时的天象就是今年的征兆：大火星出现而彗星也跟着出现。今年大火星出现时彗星更加明亮，必然要到今年晚些时候大火星消失时，彗星光芒方能隐伏。彗星与大火星相随已经很久了，难道不是如此吗？

大火星在黄昏出现，夏历在三月，商历在四月，周历在五月。夏历的数与上天配合得最好。

如果火灾在人间发作，大概是四个国家都城面临火灾，就是宋、卫、陈、郑吧？宋国都城，是天上大火星所对应的地上分野；陈国都城，是远古圣王太皞的旧居之地，木火出自此地；郑国都城，是高辛氏火正祝融的旧居之地，这三个国家都是火所居住的房舍，所以会起火。彗星到达银河，银河，是水的征兆。卫国都城，是远古圣王颛顼的旧居之地，因此是帝丘，它所对应的星是大水星（营室）。水是火的雄性配偶❶，火像妻子伴随丈夫一样伴随着水，因此卫国都城也将起火。

火灾恐怕会在丙子日或者壬午日发作，因为

---

❶ 古人认为水能灭火，所以水是丈夫，火是妻子。

水火将在这两个日子配合。❶如果今年大火星消失伴随彗星潜伏的天象再次发生，则火灾发生的日子一定在明年的壬午日，不会超过大火和彗星再次相随出现的那个月（周正五月）。❷

这段话的核心是预测宋、卫、陈、郑四国都城将有火灾。如果说宋、陈、郑三国还勉强算是跟火扯上了点关系，那么卫国对应的星明明是大水星，却还能用"水是火的雄性配偶"这样匪夷所思的理由将其与火灾联系起来，就实在是强词夺理了。结合第二年四国都城果然同时起火的事实进行考虑，这段预测到底是梓慎根据占星理论进行的预测，还是梓慎在确知四国都城必然会起火的前提下编造的预言，其实已经比

---

❶ 据《左传正义》孔颖达疏，丙子，丙为火日，子为水位，故丙子是水火会合。壬午，壬为水日，午为火位，故壬午也是水火会合。水火合而相迫，或者火不胜水发生水灾，或者水不胜火发生火灾。但此次彗星头在大火星，尾在银河，预示着火多而水少，因此水不胜火，火得势，因此在丙子、壬午两天中的一天会发生火灾。

❷ 《左传·昭公十七年》："往年吾见之，是其征也：火出而见。今兹火出而章，必火入而伏。其居火也久矣，其与不然乎？火出，于夏为三月，于商为四月，于周为五月。夏数得天。若火作，其四国当之，在宋、卫、陈、郑乎？宋，大辰之虚也；陈，鼍之虚也；郑，祝融之虚也，皆火房也。星孛及汉，汉，水祥也。卫，颛顼之虚也，故为帝丘，其星为大水。水，火之牡也。其以丙子若壬午作乎，水火所以合也。若火入而伏，必以壬午，不过其见之月。"

【辛未】四国大火：星象解读背后的跨国纵火行动

较明显了。

这段话中另一个值得推敲的地方，是对于起火日期的预测。本处梓慎预测起火时间为周正五月丙子或壬午，又说，如果大火星消失而彗星潜伏的天象再次出现，则应该是壬午。而梓慎在预言最开始时又已经说过，"必然要到今年晚些时候大火星消失时，彗星光芒方能隐伏"，也就是认为这个天象会发生的可能性很大。这样说来，则梓慎其实已经指出起火之日应为壬午，但又留有一丝不确定性，那就是他所预测的这个"大火星消失伴随彗星潜伏"天象是否真会出现。所谓"大火星消失伴随彗星潜伏"，其实就是大火星和彗星一起进入中原地区地平线下的天球区域，不再能被中原地区的人们在夜晚观察到。

郑国善于星占的大夫裨灶也对本国执政卿子产说："宋、卫、陈、郑四国都城将在同一天发生火灾。如果让我用国家礼器中的瓘斝（音"甲"）、玉瓒来祭神，郑国都城就一定不会起火。"[1] 然而子产并没有给他。

---

[1] 《左传·昭公十七年》："宋、卫、陈、郑将同日火。若我用瓘斝、玉瓒，郑必不火。"

爆发：
四国大火，子产强势应对

《春秋·昭公十八年》记载：

> 夏，五月壬午，宋、卫、陈、郑灾。

撇开孔子的春秋笔法之外，《春秋》简练到只有时间、地点、人物、事件的历史记载本身一般被认为是可信度很高的。也就是说，宋、卫、陈、郑四国都城在鲁昭公十八年（前524年）周正夏五月壬午（十三日）同时发生了火灾，应该是历史上真实发生过的事。

用史事阐释《春秋》的《左传》，进一步讲述了这场四国大火灾的一些细节情况。前524年夏五月七日（丙子），鲁国都城地区开始刮风。梓慎说："这是融风，是火灾要来的征兆。七天之后，火灾就会发生了吧！"❶去年梓慎预测起火时间为丙子或壬午，具体是哪天要看"大火星消失伴随彗星潜伏"天象是否发生。此后，这个天象应该的确发生了，因此本年梓慎有把握地进一步阐述说，丙子是火灾开始酝酿的日子，

---

❶ 《左传·昭公十八年》："是谓融风，火之始也。七日，其火作乎！"

而七日后的壬午是火灾将要发生的日子。

五月十三日（壬午），鲁国都城风力强劲，不过并未起火；而宋国都城（距鲁国都城直线距离约180千米）、卫国都城（距鲁国都城直线距离约180千米）、陈国都城（距鲁国都城直线距离约280千米）、郑国都城（距鲁国都城直线距离约330千米）都发生了火灾。梓慎爬上大庭氏府库房顶上瞭望了一阵，然后就非常笃定地说："就是宋、卫、陈、郑！"❶几天后，这四个国家的使者果然派人来到鲁国通报起火。

《左传》接下来详细记载了郑国火灾的情况。火灾发生后，预言应验的裨灶信心满满地在郑国朝堂上放话说："如果不听我的话拿出国家宝器来消灾，郑国还会发生第二次火灾！"❷卿大夫们都请求子产这回按照裨灶说的做，可子产还是不同意。就连平时最信服子产的卿官子太叔也绷不住了，他好心劝谏说："宝物是用来保养民众的。如果再来一场火灾，郑国就要濒临灭亡了。宝物可以挽救危亡，您爱惜什么呢？"❸

面对如此合情合理的劝谏，子产态度却很"顽

---

❶ 《左传·昭公十八年》："宋、卫、陈、郑也。"
❷ 《左传·昭公十八年》："不用吾言，郑又将火。"
❸ 《左传·昭公十八年》："宝以保民也。若有火，国几亡。可以救亡，子何爱焉？"

固"，他用这段非常著名的话撑❶了回去：

> 天道远，人道迩，非所及也，何以知之？灶焉知天道？是亦多言矣，岂不或信？

意思是天道遥远，人道切近，天道不是人道能够触及的，人怎么能够知晓天道？裨灶也是人，因此他怎么可能知晓什么天道？这人预言很多，难道不会偶尔说中一回？

最终，子产还是坚持不拿出宝物给裨灶。

然而，子产对于另外一位预言灾异的大夫却表现出完全不同的态度。在火灾发生前，已经身患重病的郑国大夫里析私下向子产报告说："将会有大的变异发生，民众将会震动，都城局势差不多会失控。到那时候我估计已经病死了，不能亲眼看见灾异的发生了。我建议迁都来躲避这场灾异，怎么样？"❷与对待裨灶的态度形成鲜明对比的是，子产并没有斥责里析胡说八道，而是严肃地回答说："虽然迁都是个办法，只

---

❶ 日常多误写为"怼"。
❷ 《左传·昭公十八年》："将有大祥，民震动，国几亡。吾身泯焉，弗良及也。国迁，其可乎？"

是我不足以仅凭您的这一番话就敲定迁都这么大的事情。"❶从子产的答话来看,他似乎认同里析所说的"大的变异"真会发生。等到火灾发生时,里析已经去世,还没有下葬,子产专门派出三十人把他的灵柩转移到安全的地方。

火灾发生后,子产根据"政治挂帅"特色鲜明的救灾预案,思路清晰、缓急有序、有条不紊地组织应对:

第一,送当时在郑国的晋国公子、公孙出城,并亲自在都城东门送别他们,以确保其安全离开郑国。此举凸显了子产对堪称郑国"生命线"的晋-郑外交关系极度重视。从下文所述晋国边境官员前来问罪之事可以推知,如果仅仅在晋郑边境陈兵戒备就能引来晋国的责问,那么如果晋国公族在郑火灾中发生意外,则很有可能引起晋国的武力讨罪行动。所以这第一条举措其实是子产为了防止"国之大事,在祀与戎"中的"戎"发生重大事故。

第二,命令司寇把刚来到郑都还未安顿下来的其他国家新客人送出城,禁止已经安顿下来的旧客人出门。这条举措是为了防止由于人员伤亡而引起郑国与其他国家的外交纠纷甚至是军事冲突。当然,由于此

---

❶ 《左传·昭公十八年》:"虽可,吾不足以定迁矣。"

时的郑国在子产的长期治理下已经比较强大，其他国家前来讨伐的可能性远不如晋国大。

第三，派子宽、子上巡视城内各处祭祀场所，一直到达太庙；派公孙登把国家重大占卜用的大龟迁到安全的地方；派太祝、太史把历代先君的牌位用防火的石函装好，集中到周厉王庙里存放，并且祭告先君在天之灵说明情况。此举是为了确保国家祭祀的核心器物安全，其实也就是防止"国之大事，在祀与戎"中的"祀"发生重大事故。

上述三条并不涉及国都民众生命与财产，却被放在最优先的地位，明显都是"政治挂帅"的举措。接下来所述的举措则是较为常规的救灾维稳措施：

子产命令掌管国家文书、财物、车辆、武器等仓库的官员高度戒备；商成公带领司宫在公宫中戒备，把曾服侍先君的年长宫女送出宫，在火烧不到的地方妥善安置；司马、司寇巡行过火区域，一方面救火，一方面维持治安；城下的士兵排好队登上城墙，武装戒备。

到了第二天，城外的郊野逐渐得到了都城起火的消息，于是子产命令野司寇各自管束他们所征发的徒役让他们不趁机逃散；郊人帮助太祝、太史在国都以北清理出场地，举行禳祭向水神玄冥、火神回禄乞求消灾，并且在国都四面外城举行祈祷；有关部门登记被烧房舍，减免受灾户赋税，并发给他们重建房屋的材料；开始为期三天的全国悼念性哀哭，在此期间市场停业。

在各项救灾、赈灾、维稳工作顺利开展、局势基本稳定之后，子产再派出使者向各诸侯国通报情况。

此次火灾平息后，郑国都城并没有像裨灶预言的那样发生第二次火灾，裨灶也再没有在历史记载中出现过。

背景：
人道渐兴，占星术日薄西山

占星术是一种很古老的"通天预测术"，通过分析天象来预测人间祸福，其理论基础是天人之间的互动关系。根据《慎子》《黄帝内经》等传世文献的记载，地上的物体，即生成的形类，他们的精气是列在天空（太虚）中的星辰。地上形类的变动，会通过天上星辰的变化反映出来，就像大树干的摇动，会引起枝叶的摇动一样。所以，古人认为观测天象的变化就能推知人世的变动。

《左传》虽然没有记载裨灶的推算过程，但我们可以从鲁国大夫梓慎的推算过程中感受到，当时占星专家已经有了一套成形的理论体系，来把"天道"和"人道"关联起来。这套体系的成熟版本也就是所谓的"分野"学说，该学说将天上的星宿、星次和地上列国精确地对应起来。《晋书·天文志》中所记载的"分野"细则如下：

星次	星次包含星宿	列国对应星宿	列国
星纪（斗十二度至女七度）	斗、牛、女	斗、牛、女	吴、越
玄枵（女八度至危十五度）	女、虚、危	虚、危	齐
娵訾（危十六度至奎四度）	危、室、壁、奎	室、壁	卫
降娄（奎五度至胃六度）	奎、娄、胃	奎、娄、胃	鲁
大梁（胃七度至毕十一度）	胃、昴、毕	昴、毕	赵
实沈（毕十二度至井十五度）	毕、觜、参、井	觜、参	魏（晋）
鹑首（井十六度至柳八度）	井、鬼、柳	井、鬼	秦
鹑火（柳九度至张十六度）	柳、星、张	柳、星、张	周
鹑尾（张十七度至轸十一度）	张、翼、轸	翼、轸	楚
寿星（轸十二度至氐四度）	轸、角、亢、氐	角、亢、氐	郑
大火（氐五度至尾九度）	氐、房、心、尾	房、心	宋
析木（尾十度至斗十一度）	尾、箕、斗	尾、箕	燕

梓慎推断四国将起火灾时，称"宋国，是大火星

（心宿二）所对应的区域""它（卫国）所对应的星是大水星（营室）"，已经属于"分野"学说的范畴，而且也都与《晋书·天文志》版本的"分野"细则相合。不过，春秋时期"分野"学说到底发展到了什么程度，传世文献没有留下完整的记录。

实际上，裨灶的预测能力并不是那么容易被否定的。除了前525年这最后一次"成功"的预言之外，《左传》还记载了裨灶先前好几次"灵验"的星占预言：前554年，预言执政卿伯有的死期在岁星运行到娵訾（音"居资"）和降娄之间的时候；前545年，预言周灵王、楚康王都将在当年去世；前533年，预言陈国（当时为楚国陈县）将在五年内复国，复国后五十二年将最终灭亡；前532年，预言晋平公死期为同年七月三日。对于后世的读者，特别是古代相信星占学说法力的读者而言，这几次事例足以证明裨灶的确是一位高明的"星占大师"。司马迁在《史记·天官书》中也将其列为"昔日传承天数的人"。

那么，到底该如何解释裨灶这些"应验"的预言？笔者认为，要探讨这个问题，首先要对春秋时期的社会思想潮流有一个定性的认识。正如《春秋战国的社会变迁》一书所描述的那样：

在阶级关系的变动中，人的价值受到更多的重视。在春秋时期，重民轻天、重人轻神成为社会思潮里面方兴未艾的潮流。……春秋时期人们虽然还时常占卜，但是许多先进者和有识之士，已经不怎么相信，态度也不怎么虔诚，甚至对占卜的作用提出怀疑。

这种"重人道""轻天道"的社会思想趋势对于包括申须、梓慎、裨灶在内的各国卜筮、星占、梦占专家而言，无疑是危及他们的社会地位和政治话语权的结构性"利空"因素：君主、卿大夫越来越依据人间常理来分析预测大事，"通天预测术"逐渐退出政治决策过程。伴随而来的，就是这些专家政治社会地位的下降。

在这种背景下，笔者认为，《左传》记载的裨灶五次"灵验"预言中，前554年、前545年、前533年、前532年做的这四则"灵验"预言实际上是春秋末期至战国前期的星占专家根据已经发生的史实倒编出来的"灵验案例"，本来是用来为他们这个"夕阳产业"续命的"广告软文"，后来被战国前期的《左传》作者当作史料抄进了正文。从内容上看，正因为是倒编出来的，所以它们所做出的预言与史实高度吻合，预言晋平公死期甚至精确到了几月几日；从结构上看，这些有关占卜的记载往往是头尾完整、独立于核心史事叙述的小故事，即使删去也不影响史事叙述的完整性。

不光是与裨灶相关的这些案例，《左传》中绝大多数"灵验"甚至惊人准确的卜筮、星占、梦占预言应该都是看到了史实结局的后人倒编出来的，然后被热衷于搜集灵验预言的《左传》编者当作值得后人学习借鉴的史料抄入正文。这些预言在结构上也都有明显的"加塞"特点。杨伯峻先生正是依据这个思路来推断《左传》的最终成书年代：如果预言准确，说明此段材料的作者看到了这件史事的结局；如果预言不准确，则说明此段材料的作者没有看到这件史事的结局。比如说，因为《左传》记载了辛廖用《周易》占筮"准确预言"魏国将会重新成为公侯，所以《左传》最终写定年代可能是在前403年魏斯被周王策命为诸侯之后。

然而，前525年梓慎、裨灶首轮预言——前524年梓慎再次预言——四国火灾，预言应验——火灾后裨灶第二轮预言——郑不复火，第二轮预言没有应验，这一系列事件则很有可能是史实。因为占星家绝不会去编造一个当时公认的贤明之人彻底否定占星大师，而占星大师再次预言又不灵验的案例。同时，从结构上看，这一系列事件深深嵌入到《左传》的核心史事叙述中，很难剥离。

如果"多国占星家成功预言四国都城同日发生火灾"事件（以下简称"四国大火事件"）在历史上真的发生过的话，那这件事的诡异之处可实在不少。比如，为何四个国家都城会在同一天起火？为何这个匪夷所思的大灾异会被多国占星家准确预言，时间、地点都完全正确？为何神灶第一次预言郑都起火惊人地准确，而第二次预言起火却不再灵验？

分析（一）：
四国大火是人为纵火

话说到这儿，我们可以开始探究"四国大火"事件的内幕了。对于这件事的性质，《穀梁传》是这样说的：

> 有人对子产说："某一天有火灾发生。"子产对这个预言者说："上天是神的领域，你哪里能够知晓？"因此这次是人祸，在同一天造成了四个国家的火灾。❶

---

❶ 《穀梁传·昭公十八年》：人有谓子产曰："某日有灾。"子产曰："天者神，子恶知之？"是人也，同日为四国灾也。

笔者赞同《穀梁传》的说法，下面尝试从"人为纵火"角度，重构四国火灾事件的可能真相。

第一，四个相距遥远、不可能相互波及的国家都城同一天起火，而且起火的时间、地点还与大半年前各国占星家预言的一模一样，这不可能是无预谋的失火。最可能的情形是：多国占星家（至少包括郑神灶、鲁梓慎、鲁申须）先根据"彗星扫大火"的奇异天象炮制出一份符合星占学"神逻辑"的、宣称四国都城将同时起火的预言，然后再由他们四国内部的团伙，在预言设定的时间进行人为纵火。当然，由于各诸侯国人士普遍相信天人感应，而"跨国造谣+联合纵火"这种"天方夜谭"式的恐怖主义计划又完全超出一般人的想象力，所以在一般人看来，"四国大火"最合理的解释是：上天要同时降灾给政事有缺的四国，知晓天道的占星家做出了完全准确的预测，而四国政府由于不重视占星家的预言而错失了消灾的宝贵机会。

第二，鲁国占星家梓慎在火灾发生时登上仓库房顶"遥感"起火国家的言行，与人为纵火说相符。鲁都（今山东省曲阜市）与宋都（今河南省商丘市）直线距离在180千米左右，与卫都（今河南省濮阳县）直线距离在180千米左右，与陈都（今河南省淮阳县）直线距离在280千米左右，与郑都（今河南省新郑市）

直线距离在330千米左右。从常识我们可以知道，登上一座古代大库房的屋顶，是绝不可能看到这么远的火情的。合理的解释只有一个：梓慎之所以在登高远望之后断言宋、卫、陈、郑四国都城发生了火灾，不是因为他真的通过某种超视距技术观测到了火情，而是因为他知道在这一天将会有人在四国都城同时纵火。值得注意的是，起火的都城中并没有鲁国，这说明鲁国的梓慎团伙只承担了散布预言的"轻省活"，而并没有承揽在鲁都纵火的"脏活"。

第三，郑国占星家裨灶两次高调预言火灾并要求政府拿出宝物消灾的言行，也与人为纵火说相符。最合理的解释是：裨灶所在的团伙可以掌控火灾是否发生，因此火灾发生前"如果给我宝物用于消灾，我就不放火，郑国都城就一定不会起火"，火灾发生后"如果不给我宝物用于消灾，我就再放一把火，郑国都城就会再次发生火灾"。

分析到此，笔者要补充说明一下春秋时期各中原诸侯国之间沟通交流的状况。

第一，西周建立之后，为了加强对新占领的中原地区的控制，周王室花费大量人力物力修筑了一个连接西都宗周、东都成周和各主要诸侯国都城的周道体系，类似于我们今天的国道系统（见图7）。马车在周道上沿着事先开挖好的车辙高速行驶，类似于今天的铁路。

第二，春秋前期，霸主管控的国际新秩序建立之后，大国霸主充分利用中原地区便利的交通条件，频繁组织各种需要多国代表参与的会盟、征伐行动，各国之间也频繁进行国君朝见、官员互访等活动。在执行公务的同时，到访他国的官员及其随从也会顺便办理自己的私事，比如拜访朋友、购买珍宝等，当然也可以包括密谋政变。

总而言之，春秋晚期各诸侯国之间的人员信息交流的便利程度远超过很多现代人的想象，完全能够支撑这样一场多国联合行动。

分析（二）：
纵火行动有高层介入

在都城纵火是非常严重的罪行，如果没有来自高层政治势力（卿大夫）的保护甚至是指令，各国的纵火者恐怕不敢铤而走险。"高层政治势力介入"的依据主要来自对郑大夫里析言行的分析：

第一，里析很确定这次灾异将会非常惨烈，并为此十分焦虑，因此不顾病重向子产报告；

第二，里析并没有像梓慎那样用神秘主义的占星理论来推导出他的结论，而是直言将有"大的变异"发生，这似乎是在提醒子产，此次灾异不是天灾，而是人祸；

第三，里析只说了灾异的惨烈程度，以及惊人的迁都建议，却并没有透露更多的信息来证明他这些言论可信，甚至只敢含糊地说是"大的变异"，连"火灾"都不敢明言，似乎有难言之隐。

最合理的解释是：里析确知了裨灶团伙纵火行动的图谋，感到事态严重，希望告知子产，让其早做准备；然而，由于这次纵火行动有卿大夫支持和参与，里析担心自己和家族的安全，所以不敢把自己知道的全部信息和盘托出。

如果郑国纵火事件背后真有卿大夫介入的话，那么，我们还可以对裨灶两次预言及索要宝物的行为做更为深入的解读，那就是：裨灶之所以要在散布火灾预言的同时提出可以用国家宝物消灾，并不是贪图财物那么简单，而就是要利用子产一向不相信自己的预言，很可能不会拿出宝物这一点来做文章。这样一来，在都城果然起火之后，反对派卿大夫就可以谴责子产由于蔑视裨灶、吝惜宝物而错失了消灾的宝贵机会，从而达到动摇子产执政卿地位的政治目的。在此基础上，神灶再次预言火灾，并再次提出可以用国家宝物消灾，如果子产还不屈服，那么，反对派势力就可以谴责子产在神灶预言能力已被证明的情况下仍然顽固地吝惜宝物而轻视民众生命财产，从而进一步抹黑子产。

关于执政卿子产所面临的险恶政治环境，这里我们可以稍微展开说一下。前543年，子产成为郑国执政卿（排第二）之后，他在当国卿子皮（排第一）的全力支持下，陆续实施了"为田洫""作丘赋""铸刑书"等重大改革举措。这些改革举措都是郑国历史上前所未有的"新政"，"铸刑书"更是中国法制史上的标志性事件。一方面，许多涉及利益调整的改革政策必然损害了一部分人的既得利益（比如说"作丘赋"改革导致卿大夫家族的利益空间被压缩，又比如说"铸刑书"改革导致刑狱官员的司法裁量权大为缩水），这些人中间必然有一部分对子产产生了不可消弭的厌恶甚至仇恨；另一方面，改革举措在具体执行过程中肯定出现了不少问题和差错，从而造成了另外一部分卿大夫对子产的不满。这两群人叠加在一起，构成了郑国都城内反对子产的一股政治势力。

在火灾发生五年前，也就是前529年，一直坚定支持执政卿子产推进改革的当国卿子皮去世。当时，子产刚参加完平丘❶诸侯大会，正在回国路上，听说了这个消息后痛哭不止，悲叹说："我完了！没有人支持我做正确的事了！只有他真正理解我啊！"❷子皮去世后，虽然子皮的儿子子蟜（音"疵"）继任当国卿，但辈分、资历、威望都最高的执政卿子产才是六卿领导班子中实际上的一把手。

火灾发生两年前，也就是前526年，郑国出了一起严重的外事接待事故。当时，霸主晋国的执政卿韩宣子到郑国访问，郑定公设享礼款待。作为接待活动总指挥的子产高度重视，专门给参会的郑国卿大夫提出了明确要求："只要是在享礼现场有固定席位的高级官员，决不能发生不恭敬的事情！"❸可是，在享礼举行的当天，高级官员孔张还是迟到了。他到了之后，没有到自己应该去的区域，而是站在了一般宾客中间。司礼官制止他，他就站到一般宾客后面。司礼官又制止他，他最后站在了悬挂的钟磬乐器中间。在场的宾客看到孔张的狼狈样子，不禁哄笑起来。就这样，一场本来庄重文雅的享礼，在一段时间内完全被孔张

---

❶ 平丘见图3。
❷ 《左传·昭公十三年》："吾已！无为为善矣！唯夫子知我。"
❸ 《左传·昭公十六年》："苟有位于朝，无有不共恪！"

"抢镜",成了一场闹剧。

享礼结束后,大夫富子在朝会时向子产发难,说这次"孔张失位"事故严重损伤郑国形象,将使得晋国蔑视郑国,子产作为执政卿应该为这次事故感到羞耻。然而,子产却完全不接受富子的批评,而是火力全开怒怼富子,声称自己丝毫不以此次事故为耻,孔张失位完全是他自己的责任,最后还扔出来这么一句狠话:"僻陋邪恶的人把什么都归罪给我这个执政者,这是因为先王没有制定相应刑罚、我无法依刑律严惩的缘故。您不如用其他的事情来规劝我!"❶

这次"孔张失位"事件以及事后子产与富子的论战表明,在"保护伞"子皮去世之后,郑国卿大夫中反对子产的政治势力(主体应该是在子产历次改革中遭受严重损失的既得利益集团)正在寻找机会制造事端,动摇子产的执政地位。

春秋晚期的中原诸侯国"家家有本难念的经",除了郑国之外,宋国、卫国纵火事件背后的高层政治势力也都有迹可循。值得注意的是,就在四国都城大火之后两年,也就是前522年,宋国、卫国先后发生卿

---

❶ 《左传·昭公十六年》:"辟邪之人而皆及执政,是先王无刑罚也。子宁以他规我!"

大夫反对国君的武力叛乱。这年夏天，长期与宋元公敌对的宋国卿大夫华定、华亥、向宁及其党羽发动叛乱，逮捕了支持宋元公的群公子，杀了四位公子、两位公孙，扣押了不愿意参与叛乱的向氏族人向胜、向行，甚至一度劫持了宋元公。同年秋天，长期与卫灵公及其长兄公孟絷（音"执"）敌对的卫国卿大夫齐豹、北宫喜、褚师圃、公子朝及其党羽发动叛乱，杀了公孟絷，驱逐了卫灵公。笔者认为，前524年宋国、卫国都城纵火事件背后的高层政治势力，很可能就是上面所说的宋国、卫国卿大夫乱党。

分析（三）：
纵火行动的动机和酝酿过程

如果各国的预言及纵火团伙在台面上有占星家造谣惑众，在暗地里有高级卿大夫的支持参与，这两种人的目的分别是什么？笔者认为，占星家的目的，主要是在占星术在政治决策领域逐渐失去权威的大背景下试图搞个"灵验大新闻"以重振自身的社会和政治地位，并从合谋的卿大夫那里获得其他利益；而卿大夫的目的，则主要是利用火灾来达到他们的政治企图。

就郑国而言，恐怕主要是因子产改革利益受损或不满子产权倾朝野的卿大夫，想要动摇甚至颠覆子产的执政卿地位。

考虑到春秋时期诸侯国内乱的一般情形，笔者认为此次"四国火灾事件"的酝酿过程可能是这样的（假设以郑国为策源地）：反对子产的卿大夫们在炮制"孔张失位"事件抹黑子产失败之后，通过与占星家裨灶等人的谋划，想到要利用一场包装成"天灾"的都城火灾来诋毁攻击子产，这样一则事态足够严重，可以掀起足够大的政治风浪；二则托言"天灾"，可以逃脱罪责。他们的盘算是：如果只在郑国实施"预言+纵火"行动，容易让民众怀疑是人为纵火；为了让人们相信这不可能是人力所能为，只可能是上天降灾，最好是联络其他国家同样有作乱需求的卿大夫以及愿意配合的占星家，组织实施一次完全超出普通人想象力的，只能被理解为上天降灾的多国都城同时起火事件。就这样，在郑国卿大夫／占星家"团伙"的策动下，一个由多国占星家发布预言、多国"团伙"同时纵火的联合行动逐渐成形。

分析（四）：
子产的认识过程和应对策略

如果"人为纵火"假说是真的话，那么，子产是在什么时候意识到四国都城火灾是源于人为纵火的？笔者认为大概经过了这样一个认识过程：

前525年，裨灶第一次预言次年四国都城将同时起火时，子产按照常理思维，认为这不过是经常预言灾异、多数情况下不准的裨灶又一次大放厥词而已，于是直接拒绝了裨灶索要宝物的要求，没有太当回事。

前524年，四国都城火灾发生前，里析抱病告知子产，不久之后将有"大的变异"发生，其烈度足以毁灭郑国都城。从子产的回答来看，他已经意识到裨灶的预言可能不是空穴来风，并且很可能从这时就开始准备救灾和维稳预案。

前524年，四国都城火灾真的发生之后，子产通过综合分析如下几方面的信息：（一）四国都城同时起火这种小概率事件真的发生了；（二）里析冒着风险向他报信而又遮遮掩掩；（三）火灾发生后裨灶放话说"如果不给我宝物，郑国还会起火"（就差直说"如果不给我宝物，我就会再放火"了），应该已经确认裨灶的预言不是瞎猜，四国都城起火不是天灾。整个事件是一场有预谋的、背后有高层反对派势力支持的人为纵火行动，而子太叔等人的劝谏就进一步坚定了子产的判断。

因此，在火灾发生之后，子产反驳子太叔等人劝谏的那番话其实是"半真半假"：第一部分"裨灶根本不知晓天道"是子产的真实看法，而且说出来也不泄露秘密；第二部分"裨灶预言灵验是多次瞎猜偶然说中"则既否定了裨灶，还放了"烟雾弹"迷惑裨灶团伙，让他们误认为子产仍然不知道裨灶预言灵验是因为先发布预言然后根据预言纵火。

如我们所知，裨灶叫嚣"郑国将再次起火"的预言没有灵验，而这也是裨灶最后一次出现在《左传》记载中。笔者认为，子产先是公开宣称"裨灶根本不知晓天道，他这次预言灵验是多次瞎猜偶然说中"以否定裨灶的法力、反击卿大夫对自己的诘难、稳定灾后人心、迷惑裨灶团伙，然后便对裨灶及其团伙采取了强制措施，杜绝了裨灶第二次预言灵验的可能性。

此外，由于子产知道了这是一场有政治企图的人为纵火，他在制定预案和实施救灾维稳行动时，有针对性地将确保政治敏感人员和场所安全放在最重要的位置，尽全力防止反对派卿大夫们抓到把柄发动新的朝堂政治攻击。

拼图：
四国大火的来龙去脉

如果我们将上面所有这些碎片拼接起来，可以尝试重构"四国大火"事件的来龙去脉。

前525年，彗星扫除大火星的奇异天象发生后，至少包括宋、卫、陈、郑、鲁五国在内的多国卿大夫和占星家们勾结了起来，决定组织一次先散布预言，再根据预言日期在国都纵火的联合行动，以达到他们各自的目的。其中，宋、卫、陈、郑团伙将负责在本国散布预言并组织纵火，而鲁国梓慎团伙则只答应帮助散布预言。宋、卫、陈、郑团队之所以敢实施纵火，应该是因为他们都得到了国内卿大夫的支持；鲁国梓慎团队只答应帮助散布预言，可能是国内卿大夫并无明确需求，只是梓慎等人想要参与其中提高自己的声望。

初步计划确定之后，鲁国梓慎发布预言，开始为行动造势；郑国裨灶也发布预言，要求政府拿出宝物给他消灾，其他相关国家的占星家应该也发布了类似的预言。执政卿子产对此并没有特别在意，依照常理拒绝了预言极少灵验的裨灶。其他国家发出火灾预言的占星家是否也向其本国政府提出了"交宝消灾"的要求已不可知，但无论如何，没有任何一国的纵火行动由于"消灾"而被终止。

病重的里析得知了郑国纵火行动的内幕情况，虽然畏惧高层势力，最终还是良心占了上风，抱病向子产报告，透露了他能够透露的部分信息。里析的诚恳引起了子产的警觉，但是里析"夸张"的迁都建议又让子产感到疑惑，因为里析完全有可能是纵火团队的一员，他这番话是想要引导自己去组织迁都，然后纵火团队停止纵火计划，转而在朝堂上攻击自己为了一场最终并没有发生的火灾去迫使整个都城的民众背井离乡。因此，子产一方面和气地拒绝了里析的迁都建议，另一方面可能已经在谋划救灾和维稳预案。

前524年五月十三日，宋、卫、陈、郑四国的占星家团队在各自都城同时纵火。当时各国都城里的建筑都是木结构，而且建筑密度都比较高，甚至有很普遍的占道违章搭建情况，所以，纵火本身并不是什么难事。随后，占星家们便活跃了起来：鲁国的梓慎登上房顶一望便确认了几百里之外的四个起火国；郑国的裨灶在都城公开放话，要挟政府交出宝物，不然国都还会起火。

火灾发生后，子产综合分析四国都城同时起火、里析抱病向自己报告"大的变异"、裨灶两次高调预言火灾并宣称可以消灾等信息，确认这是一场有预谋的、背后有反对派卿大夫支持的纵火行动，并据此进行了以下几个方面的应对：

第一，针锋相对地抛出"裨灶不知天道，预言应验是瞎猜偶尔猜中"的激烈批判言论，打压奸臣裨灶鼓吹自己"知晓天道、可预言人间祸福"的嚣张气焰，回击反对派卿大夫发出的"子产因不信裨灶去年预言、不给裨灶宝物而错失消灾机会"的诘难，并放出"烟雾弹"，让纵火团队误以为子产并没有认识到这是人为纵火。

第二，立即按照一个"政治挂帅"的预案开展救灾维稳工作，在全力救助灾民、保持社会稳定的同时，尽量不给反对派卿大夫留下发难的新把柄。

第三，对裨灶及其党羽采取强制措施，不让裨灶的第二次预言再有应验的机会。而且，这样一来，子产先前所说的那句半真半假的话"裨灶不知天道，预言应验是瞎猜偶尔猜中"也得到了证实，子产政治判断的可信性再次得到确认。

第四，派出三十人转移里析的灵柩，表明政府对于里析病重不忘忧国、冒风险向政府报信的嘉许，因为事实证明里析真是忠臣，而不是纵火团队的成员。

但是，出于某种原因，可能是对预言－纵火行动背后卿大夫势力"狗急跳墙"的顾忌，也可能是不愿在执政晚期引发高层动乱／杀戮，子产并没有彻查火灾真相、深挖幕后"大人物"，而是采取了一种"息事宁人"的善后处理方式。

串并：
郑国的两起恐怖主义事件

如果"四国火灾事件"的确是占星家勾结卿大夫所为，我们就能更好地理解为什么郑国高层对于钻研天文星占的人一向非常警惕，因为这种人有能力通过解读天象来影响舆论、干预政治。比如说，据《左传·僖公二十四年》记载，前644年郑文公杀了叛国的太子华后，太子华的弟弟公子臧出奔到了宋国。郑文公得知，公子臧在宋国很积极地收集用鹬鸟羽毛装饰的冠，而这种冠是当时通晓天文的人戴的。很可能是出于对公子臧结交天文星占术士背后动机的恐惧，前636年八月，郑文公派出杀手引诱公子臧出了宋国，在陈国、宋国之间的道路上杀死了他。

就子产而言，这已经是他经历的第二次恐怖主义事件。前536年初，郑国都城开始流传这么一个惊悚的说法：有人梦见伯有（前任执政卿，因发动叛乱而被杀）穿着甲胄在都城街道上走，对人说："今年三月二日，我将杀掉子上。明年一月二十七日，我又将杀掉伯石。❶"子上、伯石是另外两位郑国卿官，先前参与了讨伐伯有叛乱的军事行动。都城里的人们互相惊吓说"伯有到了！❷"，四下奔逃，不知道该躲到哪里去。等到三月二日，子上真的死了，人们更加恐慌。到了第二年一月二十七日，伯石也真的死了，人们的恐慌进一步加剧。到了二月，子产宣布，立伯有的儿子良止和另一个因叛乱被杀的执政卿子孔的儿子公孙泄为大夫，这场风波马上就平息了。

子太叔问为什么要这么做。子产说："鬼魂有所归宿，才不会成为厉鬼害人。我是为伯有的鬼魂找个归宿。"子太叔说："那您立公孙泄又是为了什么？"子产说："这是为了给个说法。这个做法本身不合于义，而是图谋给民众一个说法。执政者有时需要违背礼义，来取得民众的爱戴。不取得民众的爱戴，就不能建立

---

❶ 《左传·昭公七年》："壬子，余将杀带也。明年壬寅，余又将杀段也。"
❷ 《左传·昭公七年》："伯有至矣！"

【辛未】四国大火：星象解读背后的跨国纵火行动 213

信用。没有信用，民众就不会服从。"[1]

从无神论角度分析，子上、伯石之死不可能是因为伯有鬼魂作祟所致。上文所述伯有鬼魂"克死"子上、伯石的事，如果不是杜撰，又不是巧合的话，就只能理解为伯有余党首先散布伯有鬼魂将要杀人的谣言，然后按谣言上所说的日期杀死了子上、伯石。当时人普遍相信横死之人可以变为厉鬼害人，而很难猜想到这是一场人为的"定点清除行动"，因此"伯有鬼魂杀人"在民众中造成了很大的恐慌，而且此时正是子产"铸刑书"改革的第二年，国内政局本来就不稳定，再发生这种恐怖事件很有可能会触发政治动荡，必须设法迅速制止。于是，子产立了伯有的儿子良止。无论此事是伯有余党策划实施，来逼迫当局重新任用良氏后代为官（笔者认为这是真相）；还是真的因为伯有鬼魂作祟（如同当时大部分民众相信的那样），如此安排都能满足人／鬼的需求，从而迅速平息此事。

但是，如果只立伯有的儿子良止，则会使民众相信政府害怕厉鬼，这将会为图谋不轨者打开用鬼怪之

---

[1] 《左传·昭公七年》：子太叔问其故。子产曰："鬼有所归，乃不为厉。吾为之归也。"太叔曰："公孙泄何为？"子产曰："说也。为身无义而图说。从政有所反之，以取媚也。不媚，不信。不信，民不从也。"

事胁迫执政者的恶劣门路，为日后的国家治理埋下巨大后患。于是，子产同时将子孔的儿子公孙泄也立为大夫，这是给民众一个说法，使民众认为执政者立良止为大夫并非害怕伯有鬼魂胁迫，而是感念伯有鬼魂作祟之事，出于仁慈而体恤被诛杀卿大夫的后代。这不仅安抚闹事的伯有鬼魂，也一并安抚并未闹事的子孔鬼魂。这样做一方面让民众感受到执政者的仁慈，从而更加爱戴拥护现政权；另一方面又没有直接向伯有余党的暴行低头示弱，最大程度地保住了执政者的尊严。

"伯有厉鬼杀人"事件和"四国大火"事件有异曲同工之处——它们都是先预告时间，然后按预告时间实施恐怖主义活动，只不过前一个是杀人，后一个是放火；前一个是国内恐怖主义，后一个是国际恐怖主义。近年来，国际恐怖组织也经常先公布袭击时间，然后再按照时间发动恐怖袭击以达到其政治目的。如果相隔两千多年的这两拨恐怖分子有机会穿越时空见上一面的话，恐怕彼此都会有相见恨晚的感觉吧！

【壬申】

高明柔克：痛骂追杀背后的贵族教子之道

劈头盖脸：
郑国正卿怒骂"博出位"儿子

前565年，长期被动挨打的郑国罕见地打了一次主动出击的胜仗。

春秋中期晋楚长期争霸的局面形成以后，夹在两大国之间的郑国一直处于"两头挨揍"的地缘政治困局中——投靠晋国，楚国就来讨伐；转投楚国，晋国就来讨伐。仅仅在前565年之前的四十四年里，郑国就曾经五次从晋，五次从楚，而此时它所投靠的霸主是晋国。当时的郑国君主郑简公是一个六岁的孩子，实际的国家领导人是六位卿官，按排位顺序分别是子驷、子国、子孔、子耳、子蟜、子展。其中，子驷任当国兼执政，相当于摄政君；子国任司马，职掌军事；子孔任司徒，职掌徒役之事；子耳任司空，职掌营造之事。六卿在平时是政务官，分管一块内政事务；在战时是军队将帅，都可以带兵打仗。

前565年夏四月二十二日，郑国六卿领导班子里的子国、子耳奉晋国的命令，率军入侵楚国的"小弟"蔡国，大获全胜，俘获了蔡国司马公子燮。郑国朝堂上的卿大夫们都为这次难得的军事胜利感到欢欣鼓舞。然而，一位叫子产的年轻大夫却发表了一番"大家都说好得很，我却认为糟得很"的刺耳言论："我们这样的小国，没有让民众团结一心、让霸主有所顾忌的文德，却取得军事上的胜利，没有比这更大的灾祸了。我国主动出击，楚国肯定要过来讨伐，到时候我们能不顺从楚国吗？我们一旦顺从楚国，晋国也一定会兴师前来问罪。晋、楚轮流讨伐郑国，从今以后郑国四五年内是不可能有安宁日子过了！"❶

这子产不是旁人，正是此次战斗主帅子国的儿子，也是子国任族长的卿族国氏的继承人。子产当时已经担任大夫进入政坛。子国听到自己儿子这番听起来颇有见地的言论后，丝毫没有赞许之意，而是勃然大怒，当着其他卿大夫的面骂他儿子说："你知道什么！出兵征战是国家大事，国家大事有诸位正卿拿主意。你这个毛头小子说这些，是要受处分的！"❷

《韩非子·外储说左下》也记载了一个子国发怒责备子产的故事，对于我们理解子国的教子思路颇有帮助。

---

❶ 《左传·襄公八年》："小国无文德，而有武功，祸莫大焉。楚人来讨，能勿从乎？从之，晋师必至。晋、楚伐郑，自今郑国不四五年，弗得宁矣。"
❷ 《左传·襄公八年》："尔何知！国有大命，而有正卿。童子言焉，将为戮矣！"

子产，是子国的儿子。子产忠于郑国君主，子国发怒责备他说："你特立独行不同于群臣，而独自忠于君主。君主如果贤明，能听从你；如果不贤明，将不听从你。是否听从你还不能确知，而你已经脱离了群臣。脱离了群臣，就一定会危害你自身了。不仅危害你自己，还将危害你的父亲。"❶

急踩刹车：
子国怒骂子产的原因分析

在上面两段记载的基础上，我们可以细致地分析一下这次子国怒骂儿子的来龙去脉。首先，表面上都在欢庆郑国胜利的卿大夫，其立场和观点未必相同，而很可能分为两派。

一派是基于"胜利能带来和平"的乐观判断而真心庆祝这场胜利。他们的思路大概是：现在郑国所投

---

❶ 《韩非子·外储说左下》：子产者，子国之子也。子产忠于郑君，子国谯怒之曰："夫介异于人臣，而独忠于主。主贤明，能听汝；不明，将不汝听。听与不听，未可必知，而汝已离于群臣。离于群臣，则必危汝身矣。非徒危己也，又且危父也。"

靠的晋国呈现出"霸业中兴"的良好势头，再加上郑国此次击败楚国"马前卒"蔡国的成绩，有可能会使得楚国在未来几年里不敢再来讨伐，从而为郑国带来宝贵的和平局面。当然，从晋楚争霸的实际情况来看，这种"胜利能带来和平"的观点是浅薄幼稚的，持这种观点的主体人群应该是和子产年龄、出身相仿，但是政治洞察力远不如他高明的其他年轻"官二代"。子产"胜利将带来灾祸"的观点就是针对这种"胜利能带来和平"的观点而发的，而同年冬天楚国令尹王子贞率军讨伐郑国的事实也很快证明，子产对形势的判断是完全正确的。

另一派则怀着"今朝有酒今朝醉"的圆滑态度而随声附和。他们的思路是：晋国中兴不足以改变晋楚相持争霸的局势，郑国接到盟主晋国的命令不得不出兵，出兵得胜之后楚国必然会兴兵前来报复。之后要么是晋国出兵、晋楚两国在郑国地界上大战一场，要么是晋国不出兵、郑国在被楚国打败之后再次倒向楚国。总之，"两头挨揍"的地缘政治困局还将持续下去。"外交决定内政"本来就是小国的宿命，既然现在郑国无法摆脱这个困局，那还不如"今朝有酒今朝醉"，暂且忘掉未来的苦难，为眼前这场胜利欢庆一把，给长期压抑的朝堂带来一点宝贵的正能量。持这种观点的应该是卿大夫中深知内情、头脑清醒的那些人，其主体很可能就是包括子国在内的六位卿官。

在其他五位卿官看来，子产发言的内容并没有什么了不得的洞见，可以说是"正确的废话"。然而，子国的儿子在这个时间点站出来慷慨陈词，这件事本身却很值得揣摩。如果用"老司机"们比较复杂的政治头脑去分析这件事情，大概有这样两种可能性。

第一种可能性：如果子产是在跟父亲子国商量之后说的这番话，那么这就很有可能是子国先作为主帅取得了军功，然后又通过自己儿子表现出一种不被胜利冲昏头脑、清醒认识到严峻现实的姿态，是想要"名利双收"，进一步提高自己的威望和话语权。

第二种可能性：如果子产这次发言没有跟子国商量过，而完全是自己的主意，那么子产公开否定他父亲作为主帅所取得的胜利，把它说成是灾祸源头，这说明子产和他父亲之间已经有了明显的立场分歧，国氏内部已经出现了裂隙。

从后来子国痛骂子产的事实，以及《韩非子》的记载来看，子产这次应该是没有跟子国事先商量过，就是一个年轻气盛的青年才俊出于自己忠君忧国的赤诚本心，大胆地打破朝堂上的祥和场面，把自认为是真知灼见的观点高调地说了出来。应该说，当子产说出这番话时，他的屁股不是坐在子国儿子、国氏继承人这个位置上，而是坐在食君俸禄、为国尽忠的郑国大夫这个位置上。

然而，如果我们站在子国这位肩头同时压着郑国军政大事和国氏宗族传承两副担子的卿官、族长、父亲角度来看，子产的慷慨陈词无论是于公还是于私，都是有害无益。

于"公"，这番陈词对于郑国摆脱困局毫无帮助。子产无非是把明眼人（特别是六卿）都心知肚明的郑国地缘政治困局又捅出来强调了一遍，而又并没有提出任何可以帮助国家摆脱这一困局的建设性建议。这番尖锐刺耳的言论对国家公事的唯一作用，就是成功地毁掉了郑国朝堂已经久违的欢庆时刻，让大家又要以郁闷的心情去迎接未来必然到来的楚国讨伐之难。

于"私"，这番陈词只会给子产、子国、国氏带来麻烦和风险。第一，就子产而言，这番"鹤立鸡群"的话语无疑会使他成为"官二代"大夫群体中被孤立的对象：听懂了的同僚可能会妒忌他的才能，而仍然认为自己观点正确的同僚则会把他树为与自己意见对立的政敌。进一步考虑，这些"官二代"的父亲们恐怕也会担心子产在未来如果子承父业成为卿官，会更加蔑视、掩盖甚至打压自己的儿子。第二，就子国而言，如果其他卿官认为子产言论是出于子国授意，那么这很有可能会加强他们对子国野心的猜疑和戒备，使他在六卿领导班子里面临更加险恶的政治环境。第三，就国氏而言，如果其他卿族怀疑子国与子产的父子关系出现裂痕想要加以利用，自然会加大国氏的政治风险。

当然，子国迅速作出激烈反应，并不是因为他进行了上述条分缕析的细致推理，而是出于一个"老司机"的政治敏感性和直觉。子国当场果断怒骂子产，并不是因为国家大事只有卿官才可以发表意见（这与郑国当时的政治规矩不符），也不是因为子产的分析本身有什么不对（子国完全没有这么说），也不是因为子产抹黑自己取得的胜利而恼羞成怒（子国并没有骂子产抹黑这次胜利），而是要用怒骂这种激烈的方式准确传达如下三个信息：

第一，"踩刹车"，也就是严重警告在朝堂上"放飞自我"的子产：这次你擅自发表的言论已经闯大祸了，赶紧给我住嘴，不要再说出更加出格的话来！

第二，"赔不是"，也就是向被子产言论冒犯的诸位卿官和大夫们表态：我儿子刚才就是不懂规矩乱讲话，绝不是出于我的授意，我一定会好好管教他，绝不再让他在朝堂上惹是生非！

第三,"秀权威",也就是向朝堂上各位卿大夫表明:我和我儿子之间的确有政见分歧,但是你们都看见了,我对于我儿子仍然有绝对的控制力,你们不要想趁机打我们家族的主意!

在子国这样的强力调教下,子产后来成为一个怎样的人了呢?按照孔子的说法,成熟后的子产"在四个方面合乎君子之道:自身行为谦虚恭顺,事奉上级严肃认真,养护民众善施恩惠,役使民众合乎道义"。❶这里我们仅就"自身行为谦虚恭顺"举一个例子。

前547年,郑简公设享礼招待去年攻打陈国有功的卿官,先赐给主帅子展(六卿中排第一)八个田邑,然后准备赐给副帅子产(六卿中排第四)六个田邑。子产马上推辞说:"从上到下,职位每降低一级,赏赐数目要减二,这是礼制的要求。臣下在六卿中的排位在第四,而且这次都是子展的功劳,所以臣下不敢得到赏礼,请求不要赏邑。"❷郑简公一定要赏给子产六个邑,子产推辞不过,最后接受了三个邑。善于观察品评人物的外交官子羽说:"子产恐怕要做执政卿了!他

---

❶ 《论语·公冶长》:子谓子产:"有君子之道四焉:其行己也恭,其事上也敬,其养民也惠,其使民也义。"
❷ 《左传·襄公二十六年》:"自上以下,降杀以两,礼也。臣之位在四,且子展之功也。臣不敢及赏礼,请辞邑。"

不仅谦让，而且谦让的理由完全符合礼制。"❶

子产陈述自己在六卿中排第四，按照"降杀以两"的礼制最多只能得到两个邑，表明了他遵从六卿的等级排序；说此次都是首卿子展的功劳所以不敢接受赏邑，表明了他尊敬上级领导；最后接受三个邑，比他依据礼制应该接受的两个邑多了一个，表明了他尊崇国君，服从国君想要重赏自己的意志。尊等级、尊上级、尊国君都是周礼的基本原则，这说明此时的子产已经完全"体制化"，成为一位思维缜密、言行合礼、谦恭沉稳的国家领导人。

暴打追杀：
晋卿范氏世代相传的教子方法

子国调教子产的方法似乎是各诸侯国"求生欲"强的贵族高官调教优秀"二代"儿子的常用方法，比如晋国卿族范氏。《国语》记载了晋卿范武子训诫他的聪明儿子范文子的故事：

---

❶ 《左传·襄公二十六年》："子产其将知政矣！让不失礼。"

有一天，年轻的范文子很晚才从朝堂上回来。父亲范武子问道："为什么这么晚？"范文子回答说："有位秦国来的客人在朝廷上说话打哑谜，大夫中没有一个能对答的，我却知道并解答了他三个问题。"范武子听完后勃然大怒，痛斥范文子说："大夫们不是答不出来，而是谦让朝廷上的长辈。你一个毛头小子，却在朝中三次掩盖他人。我如果不在晋国，范氏败亡要不了几天了！"说着就操起手杖暴打儿子，把范文子礼帽上的簪子都打断了。❶

和子国一样，范武子的调教也起到了显著的效果。前589年，已经成为晋上军副将的范文子参加了晋、齐鞌❷之战，此次晋国大获全胜。按照军礼，晋军凯旋进入国都时，应该是范文子所在的上军走在前面，主帅郤献子所在的中军走在中间，下军在最后面。上军主将中行宣子留守国都没有出征，所以范文子是上军

---

❶ 《国语·晋语五》：范文子暮退于朝。武子曰："何暮也？"对曰："有秦客廋辞于朝，大夫莫之能对也，吾知三焉。"武子怒曰："大夫非不能也，让父兄也。尔童子，而三掩人于朝。吾不在晋国，亡无日矣！"击之以杖，折委笄。
❷ 鞌见图4。

228　春秋十日谈

的最高将领，按理说应该走在队伍最前面，然而他并没有这样做。据《左传》记载：

> 晋军回到国都，范文子最后进入。范武子见到儿子后对他说："你不知道我在盼望你回来吗？为什么最后入城让我担心？"范文子对答说："军队取得了战功，国人很高兴地来迎接。我如果按照惯例先进入，一定会使众人耳目集中到我身上，这就是代替没有出战的上军主帅（中行宣子）和身后的中军主帅（郤献子）接受胜利的美名了，因此我不敢先进入。"范武子听完儿子的解释之后非常高兴，说："我确信自己能够免遭祸难寿终正寝了！"❶

当范文子成为晋国元老之后，他也是用同样的方法调教自己的聪明儿子范宣子。《左传》记载的这一次调教也是在公开场合进行的，范文子的手段比他父亲范武子还要更激烈：

---

❶ 《左传·成公二年》：晋师归，范文子后入。武子曰："无为吾望尔也乎？"对曰："师有功，国人喜以逆之。先入，必属耳目焉，是代帅受名也，故不敢。"武子曰："吾知免矣。"

前575年，晋、楚在鄢陵准备打一场大仗。夏六月二十九日早晨，楚军直接在晋军营垒外面布阵，使得晋国军队无法出营。晋国军吏非常紧张。年轻的范宣子快步上前献计说："填塞水井，夷平灶台，就在军营中摆开阵势，把行列间的距离放宽。晋、楚实力相当，谁能取胜全看上天倾向于谁，有什么可担心的！"卿官范文子马上操起戈来追砍他的儿子范宣子，一边追一边骂："国家的存亡都是天意，你这个毛头小子知道什么！"❶

下手为何这么狠？放任后果很严重

子国、范文子、范武子之所以要用痛骂、暴打甚至是追杀的激烈手段来调教自己的优秀"二代"儿子，是因为如果放任不管，后果真的会很严重。《左传》《国语》里就记载了不少才智水平很高的卿大夫由于高调张扬而导致自身被杀、宗族覆灭的事例，这里举两个

---

❶ 《左传·成公十六年》：甲午晦，楚晨压晋军而陈。军吏患之。范匄趋进，曰："塞井夷灶，陈于军中，而疏行首。晋、楚唯天所授，何患焉？"文子执戈逐之，曰："国之存亡，天也。童子何知焉？"

晋国的例子。

一个是晋大夫伯宗。伯宗从小聪颖过人，在其成长过程中恐怕是没有像子产、范文子、范宣子这样，受到过父亲的严厉调教，或者是调教没有成功，因此他在成为大夫后还是像愣头小伙一样高调轻狂。根据《国语》的记载：

> 有一天伯宗退朝以后，面带喜色地回到家中。他的妻子问道："您今天面露喜色，为什么呀？"伯宗说："我在朝中发言，大夫们都称赞我像阳子那样机智。"妻子说："阳子这个人华而不实，善于谈论而缺乏谋略，因此遭受杀身之祸。您欢喜什么呢？"伯宗说："我设宴请大夫们一起饮酒，和他们谈话，你试着听一听。"妻子说："好吧。"饮宴结束以后，他的妻子说："那些大夫们确实不如您。但是人们不能拥戴比自己水平高的人已经很久了，灾难必然要降到您头上！"❶

---

❶ 《国语·晋语五》：伯宗朝，以喜归。其妻曰："子貌有喜，何也？"曰："吾言于朝，诸大夫皆谓我智似阳子。"对曰："阳子华而不实，主言而无谋，是以难及其身。子何喜焉？"伯宗曰："吾饮诸大夫酒，而与之语，尔试听之。"曰："诺。"既饮，其妻曰："诸大夫莫子若也。然而民不能戴其上久矣，难必及子乎！"

根据《左传》的记载，伯宗每次上朝时，他这位妻子都要碎碎念这么一句话："'盗贼憎恨主人，民众厌恶官长。'您喜好像主人、官长那样直言无忌，一定会遭殃！"❶成年后贤妻规劝的效果毕竟是比不上小时候的严父棒喝，伯宗还是我行我素，后来到了栾弗忌之乱时，朝中一批大夫妒恨伯宗，合谋杀死了他。

还有一个例子，就是伯宗引以为榜样、以聪明著称的"阳子"，即官至太傅的卿官阳处父。前622年，阳处父到卫国访问，回国途中在晋国境内的宁邑住宿。宁邑宾馆的负责人宁嬴对阳处父仰慕已久，于是丢下了自己的本职工作，加入了阳处父的使团，想跟着阳处父一起去晋国都城发展。

然而，使团刚到温邑，宁嬴就折返回来了。他老婆感到奇怪，问他为什么"脱粉"。宁嬴说："阳处父他太刚强了。《商书》上说：'沉溺潜隐的性格要用刚强来攻克，高亢明耀的性格要用柔顺来攻克。'他却一味刚强而不调和，恐怕会不得善终吧！即使是德性最为刚健、至高无上的上天，尚且会辅以柔德，不扰乱春夏秋冬四时刚柔相济的运行次序，何况是凡人

---

❶ 《左传·成公十五年》："'盗憎主人，民恶其上。'子好直言，必及于难！"

呢？而且他爱说大话而落实不力，就好像草木开花而不结果实，这是聚集怨恨的根源。过于刚强冒犯他人，华而不实聚集怨恨，是不可以安身立命的。我担心还没有得到跟随他的好处就先要遭受祸难，所以离开了他。"❶

果然，到了第二年，自以为是的阳处父擅自调整国君在夷地大阅兵上确定的晋国六卿领导班子排序，当年就被因排序调整而利益受损的卿官狐射姑杀死。

高明柔克：
贵族高官这样调教继承人

春秋时期，晋、郑等中原诸侯国公室逐渐衰弱，君权旁落于卿大夫，特别是卿大夫中居于领导地位的诸位卿官，诸卿逐渐成为实际上的国家领导人。作为一个集团来看，卿族的势力在不断扩大；然而在卿族集团内部，各卿族之间的斗争也变得越来越激烈。比

---

❶ 《左传·文公五年》："以刚。《商书》曰：'沈渐刚克，高明柔克。'夫子壹之，其不没乎！天为刚德，犹不干时，况在人乎？且华而不实，怨之所聚也。犯而聚怨，不可以定身。余惧不获其利而离其难，是以去之。"

如说，晋国的卿族本来有十几家之多，经过长期政争，到了春秋晚期就只剩了赵、魏、韩、知、范、中行六家，到了春秋末期就只剩下了赵、魏、韩、知四家。在这种险恶的政治形势下，蠢笨无能的庸劣"二代"自然容易成为被对手捏爆的软柿子；然而，聪颖过人的优秀"二代"如果在朝中不能低调收敛、谨言慎行，而是恃才放旷、树敌结怨，也同样容易遭到敌对卿族的攻击陷害，严重的甚至可能会导致身死族灭的严重后果。

"高明柔克"的核心，在于强力攻克聪明儿子高亢、明耀的刚德，强行植入低调、沉稳的柔德，矫正其德性向"无过无不及"的中道靠拢，这是当时所有"求生欲"强的贵族高官，特别是作为国家领导人的诸卿调教"二代"儿子们的常见思路。"克"在先秦文本中常用来表示打仗得胜，也就是说，虽然调教的目标是"柔"，但是调教的手段却必须要果断刚强，要"狠斗思想一闪念"。看来，古人深刻认识到矫正德性非常困难，所以怒骂、暴打甚至追杀都得用上。这些激烈举动的背后，都是父亲对儿子的深沉爱护、族长对宗族的庄严责任。

这种用"高明柔克"的方式调教少年英才的理念一直绵延不绝，而且并不限于父亲调教儿子。子国怒骂子产两千一百多年后的嘉靖十六年（1537年），湖广巡抚顾璘在意识到当地"神童"张居正具备国士之才后，果断插手干预乡试录取流程，故意让张居正落榜以挫其锐气、锤炼其心志。这是否就是从先秦贵族高官的教子之道中得到的启发呢？

【癸酉】

营建章华：大兴土木背后的楚王天下雄心

太史公曰：楚灵王方会诸侯于申，诛齐庆封，作章华台，求周九鼎之时，志小天下；及饿死于申亥之家，为天下笑。操行之不得，悲夫！势之于人也，可不慎与？弃疾以乱立，嬖淫秦女，甚乎哉，几再亡国！

这是太史公司马迁在《史记·楚世家》结尾处所发议论的全文。

很明显，在整个楚国八百年的历史中，最让司马迁感慨不已的，就是楚灵王暴兴和暴亡的政治传奇，以及随后的楚平王-楚昭王时期楚国跌落谷底的悲情故事。因此他在论赞中只谈此二事，不及其余。

笔者认为，司马迁这段看起来非常不平衡的史论，才是真正抓住了楚国历史的要害——楚灵王求周九鼎的那一年（前530年），正是楚国在两百年"进取开拓，转型升级"奋斗历程❶中的最高点，前无古人，后无来者。接下来，笔者将从关键词"章华宫"入手，来深入探讨楚灵王的政治传奇。

---

❶ 从前740年楚君熊通即位算起。

营建章华宫：
大兴土木，收容亡人，备受诟病

前740年，楚国君主熊通即位，他这个君位是靠杀了前任君主霄敖的儿子抢来的。前704年，楚君熊通僭越称王，就是楚武王。楚武王正式扛起"不服周"的大旗，楚王与周王从此分庭抗礼。从前740年算起，到前546年晋楚达成弭兵之盟止，楚国历代君一直在楚武王确立的"进取开拓，转型升级"国家战略指导下不懈奋斗，而他们采取的行动策略一直是"开拓南方和北上中原并举"。

从财政收支角度来看的话，"开拓南方"和"北上中原"的性质是截然不同的。

一方面，自从楚国在楚文王时期率先成为南方独一无二的大国之后，楚国"开拓南方"的对手在很长一段时间里都是南方的众多小国。这些小国和楚国同样位于经济文化水平较低的南方地区，但它们的单体经济军事实力远小于楚国，而且没有结成有效的攻守联盟。因此，楚国可以凭借着碾压性的单体实力优势，比较容易地逐个攻灭或征服这些小国，把它们变成楚国的直辖县或者长期稳定属国，从而为楚国带来赋税（直辖县）、贡赋（属国）等方面的长期稳定收益。而且，楚国攻灭／征服的小国越多，实力就变得越强，剩下的小国就越无力与之抗衡。总而言之，"开拓南方"难度小、成本低、收益高，对楚国来说是"净收益"的事业。

另一方面，楚国"北上中原"的对手是齐、晋这样的大国，以及鲁、卫、郑、宋、陈、蔡、曹这样的中等国。这些华夏诸侯国位于经济文化水平较高的中原地区，其中，中等国的单体经济军事实力与楚国相差不大，而楚国长期对手、中原第一大国晋国的单体经济军事实力更是超过楚国，而且这些华夏诸侯国还组成了以晋国为核心的攻守联盟。因此，楚国耗费大量人力物力，也只能做到与晋国形成战略均势，并且不稳定地将部分中等国收为属国，而这些属国能为楚国带来的贡赋收益是非常有限的。总而言之，"北上中原"难度大、成本高、收益低，对楚国来说是"净支出"的事业。

这样看来，地处落后南方地区的楚国之所以能在很长一段时间坚持看似不自量力的"开拓南方和北上中原并举"行动策略，是因为它可以用"开拓南方"产生的净收益来抵偿"北上中原"产生的净支出，使得国家财政在整体上处于一个收支平衡的可持续状态。

然而，从楚共王时期开始，位于东海之滨的吴国❶迅速崛起，彻底改变了"开拓南方"事业的收支模式。吴国实际上是楚国的翻版：它同样野心勃勃、僭越称王，同样谋求"进取扩张，转型升级"，而且得到晋国的先进军事技术支持，从而在今江苏省范围内迅速崛起，并开始入侵楚国的远东地区，绝不是可以被轻易攻灭／征服的小国。楚国需要从西部派出军队长途跋涉到达远东地区与吴国交战，自然大大增加楚国的支出；吴国攻灭／征服吴楚争夺地区的小国，自然减少楚国的收益。一减一增叠加，使得楚国"开拓南方"遇到前所未有的挑战，难度显著加大、成本显著提高、收益显著降低，从而导致"净收益"显著减少，甚至已经变成像"北上中原"那样的"净支出"事业。这样一来，如果继续坚持按照"开拓南方和北上中原并举"的行动策略来实践国家战略，必然给楚国财政造成越来越沉重的负担。

到了楚康王后期时，楚国终于下决心要抛弃不可持续的"开拓南方和北上中原并举"的行动策略。前546年（楚康王十四年），晋楚在中原宋国缔结了弭兵

---

❶ 吴（吴1）见图1、图5。吴国都城前560年—前548年间从吴1迁至吴2。

之盟，正式停止武力斗争。在盟誓仪式上，面对楚国令尹（相当于执政卿）屈建的施压，晋国执政卿赵文子选择了妥协退让，让楚人担任了先歃血的盟主，相当于默认了晋楚"二霸并立"的国际政治格局。就楚国而言，缔结弭兵之盟意味着终止了支出巨大的"北上中原"事业，从而终止了"开拓南方与北上中原并举"的旧行动策略。

楚康王去世之后，他的儿子继位，就是郏敖。然而，郏敖当时只有十岁，政权实际上掌握在令尹王子围手里，王子围既是郏敖的首辅，也是郏敖的叔父。无论是从年龄、志向、格局、才干各方面来说，此时的王子围都远远胜过坐在君位上的郏敖。更重要的是，王子围自己也的确认为他才是楚王的最佳人选：如果他能当上楚王，就能一举终结自楚共王以来一直困扰楚国的"幼主临朝"问题，抓住"晋国六大卿族各谋私利，无心团结一致与楚争霸"的宝贵战略机遇期，带领楚国走上正式称霸、统一南方甚至统一天下的道路。

前541年（郏敖四年），楚令尹王子围出席在中原虢地❶举行的南北诸侯会盟。在这次会盟中，王子围稍微向晋国施加了一点压力，想要让楚国第二次担任盟

---

❶ 虢见图3。

主，没想到赵文子再一次直接服软，相当于是再次确认了晋楚"二霸并立"的国际政治格局，而且楚国连续两次担任盟主，在气势上也占了上风。

在虢地会盟取得重大外交胜利之后，王子围开始相信自己是受上天恩宠、注定要成就一番伟业的天之骄子。接下来，他比照楚武王当年杀侄子篡位的"先君旧例"，理直气壮地杀了侄子郏敖自立为王，就是楚灵王。即位三年后，楚灵王又成功地在国内的申县❶举行了得到晋国官方许可的南北诸侯会盟，正式成为与晋平公分享天下霸权的霸主。至此，楚灵王只用了三年时间，就轻松实现了先辈楚王大动干戈都没有实现的称霸目标。

篡弑和称霸的不寻常顺利让王子围更加确认自己的确是得到上天恩宠，他也开始为一个更加宏大的战略目标而拼尽全力，那就是重新激活楚庄王当年问鼎中原时表达出的王者雄心，先击败吴国统一南方，再击败晋国入主中原，最终统一天下、改朝换代，成为替代周王的新王。

楚灵王曾经为"统一天下"的终极梦想进行过占

---

❶ 申（县）见图5。

卜，对龟甲发愿说："我想要得到整个天下！"❶占卜的结果是不吉利。楚灵王大怒，于是将龟甲摔在地上，痛骂上天，高呼道："这么一点点土地都不给我，我一定自己去夺取！"❷如果把上天比喻父母，那么楚灵王的心态就很像一个被父母宠坏的孩子，平时有求必应惯了，这回他要天上的星星月亮父母没满足他，他立刻开始咒骂父母，扬言要自己上天去摘。我们不能根据这句话就认为楚灵王从此抛弃了天命只相信个人努力，因为楚灵王六年（前535年）章华宫建成之后，楚灵王明确表示自己是仍然"得到上天的恩宠"。也就是说，在楚灵王看来，这次摔龟甲骂上天，只是楚灵王和宠溺他的上天之间的一次闹别扭而已，就像一个骄纵的孩子和宠溺他的父母闹别扭一样，别扭闹完，宠溺依旧保持不变。

楚灵王即位后实施的各项国家战略级别行动中，最遭人诟病的就是修筑章华宫。章华宫一般被认为是楚灵王在都邑楚王宫殿之外修筑的离宫别苑，在楚灵王即位后不久就开始修筑，到楚灵王六年（前535年）时完全建成。章华宫是我国春秋时期规模最大的一座

---

❶ 《左传·昭公十三年》："余尚得天下！"
❷ 《左传·昭公十三年》："是区区者而不余畀，余必自取之！"

君主宫苑，造型华美、风格独特，其工期之长、建造规模之大、耗费人力物力之多，在先秦建筑史上是绝无仅有的。

在整个章华宫建筑群中，最引人注目的建筑就是章华台。章华台不是一般的殿堂和宗庙建筑，而是一座规模宏大的层台水榭建筑。据贾谊《新书》的说法，章华台非常雄伟高大，要休息三次才能登达顶端，因此后人也将章华台称为"三休台"。

章华台落成之后，楚灵王和他的心腹谋臣伍举一起登台观景。楚灵王志得意满地说："高台美啊！"❶伍举却非常忧虑，他劝谏说："……如今君王建造了这高台，国家和民众都疲惫了，钱财都用光了，年成不好，百官烦忙，举国上下都来建造它，花了好几年才建成。君王希望召来诸侯一起首次登上高台，诸侯们都拒绝，没有一个来的。后来君王派太宰蒍启疆去请鲁侯，并用当年蜀地❷会盟的盟誓威胁他，最终落成典礼只有鲁侯一人来捧场。……那建造台榭，是为了要教民众兴利的，没听说是为了使民众匮乏的。如果您认为这高

---

❶ 《国语·楚语上》："台美夫！"
❷ 蜀见图4。

台很美，事情做得很正确，楚国恐怕就危险啦！"❶

章华宫建成之后，楚灵王又做了一件让人难以理解的事，那就是招募了许多国内外的逃亡者居住在里面，其中包括大臣申无宇的看门人。申无宇向楚灵王讨要这个看门人，他劝谏说："……昔日周武王历数商纣王的罪过遍告诸侯，说到'商纣王是天下逃亡之人的主子，就像鱼、兽聚集在深潭、草泽一样'，因此人们拼死讨伐商纣王。君王刚开始寻求诸侯拥戴成为霸主就效法商纣王，恐怕是不可以的吧！……"❷ 不过，楚灵王在听到申无宇把自己比作商纣王之后，并没有生气，而是大度而且幽默地说："领了你的臣下离开。有一个盗贼正得上天的恩宠，是抓不到的。"❸ 楚灵王说的这个"盗贼"，就是通过篡弑盗取了君王大位的自己。

楚灵王为什么要在统一南方需要耗费大量人力物力的同时，不惜成本地修建章华宫？又为什么要在自

---

❶ 《国语·楚语上》："……今君为此台也，国民罢焉，财用尽焉，年谷败焉，百官烦焉，举国留之，数年乃成。愿得诸侯与始升焉，诸侯皆距，无有至者。而后使太宰启疆请于鲁侯，惧之以蜀之役，而仅得以来。……夫为台榭，将以教民利也，不知其以匮之也。若君谓此台美而为之正，楚其殆矣！"

❷ 《左传·昭公七年》："……昔武王数纣之罪以告诸侯，曰'纣为天下逋逃主，萃渊薮'，故夫致死焉。君王始求诸侯而则纣，无乃不可乎？……"

❸ 《左传·昭公七年》："取而臣以往。盗有宠，未可得也。"

己居住的章华宫里收容一群别人眼中的乱臣贼子？为了探讨第一个问题，我们要从第二个问题开始。

收容亡人新解：
招揽体制外人才以共图伟业

从春秋时代的一般情况推断，楚灵王收容的这些流亡者绝不是一般的抢劫犯、杀人犯、纵火犯，应该是因为作乱和犯罪而出逃的国家官员和卿大夫家臣。这些人虽然被现政权定为"罪犯"，但他们其实具有往往是同阶层中最为敢想敢干、智计胆识过人、试图突破旧制度束缚的那一小撮"造反派"。从某种意义上说，楚灵王和他们是同一类人。

楚灵王收容这些流亡者，肯定不是为了做慈善，而是想要任用这些有着跟自己一致的价值观、有着自己急需的聪明才智，而且对自己感恩戴德的人才担任具体干活的中下级大夫，构建一支得力的高水平"嬖臣"[1]队伍，与自己一起奋斗，成就统一南方甚至天下

---

[1] "嬖"（音"壁"）是"宠信"的意思，嬖臣就是家族出身不显扬、依靠君主赏识得到官职、依靠君主宠信得到升迁的官员，一般是中下级大夫。

的伟业。

一方面，楚灵王"不拘一格降人才"可以说是复古的政治举措。

实际上，他这样做的灵感很可能来自他想要取代的周朝。根据《史记·周本纪》的记载，后来自称领受灭商天命的周文王在成为周国君主之后，"为了接待投奔他的士人，每天午饭都来不及吃，很多士人因此归附他"，❶其中有名的有伯夷、叔齐、太颠、闳夭、散宜生、鬻子、辛甲大夫等人。其中鬻子就是楚先公鬻熊，因此楚灵王是一定知道周国当年不拘一格招揽人才的做法的。又根据《尚书·泰誓》《论语·泰伯》记载，周武王说他自己有"乱臣十人"，与他同心同德成就灭商大业，这十个人一般认为是文母、周公、大公、召公、毕公、荣公、太颠、闳夭、散宜生、南宫括，其中文母竟然还是个女人，可见当时选人用人是多么不拘一格。

当然，由于周人创业成功建立了周朝，因此这些当年投奔周政权的人都被周代的历史书描述成德才高美的贤人，而周文王、周武王的做法也被定义为是"礼下贤者"。然而，如果我们真的回到商朝末年的历史场

---

❶ 《史记·周本纪》：（文王）日中不暇食以待士，士以此多归之。

景，我们很容易推想到，这些投奔西土周政权的士人一定是因为各种原因不满商朝旧体制的"造反派"。周文王收容商朝体制所不容的"造反派"，和楚灵王收容周朝体制所不容的"造反派"，其实没有本质上的区别。

另一方面，楚灵王"不拘一格降人才"也可以说是超前的政治举措。

春秋时期，按照周王室制度建立起来的中原各诸侯国（可以称它们为"周系诸侯国"）普遍实行分封分权的政治体制，大量分封国内土地给卿大夫作为他们的私邑，卿大夫与国君分权共治，到春秋晚期甚至造成"君卑臣尊"的局面，国君丧失了任免高级卿大夫的权力，世袭官位的高级卿大夫把持朝政，进而把持中下级官员的任免。

然而，与周王室和周系诸侯国长期对立的南蛮楚国却独树一帜，建立了君主集权的政治体制，大部分土地以楚王直辖县的形式进行治理，楚王一直拥有较大的权力，有权任免和奖惩令尹、司马、县公等高级卿大夫，而高级卿大夫任免中下级官员。不过，楚王任用高级卿大夫的选择范围是有限的，他要么选择近支王族成员（群王子）来担任，要么选择远支王族成员（如斗氏、蒍氏、屈氏族人）来担任。无论是近支王族还是远支王族，其成员的政治立场在楚灵王看来都过于保守持重，可以依靠他们来守住先君基业，但却很难和他们一起创立改朝换代的伟业。

楚灵王在章华宫想要试验的，就是绕过现任的近支王族和远支王族高级卿大夫，直接从最敢想敢干的流亡者中选拔中下级官员，建立一支依靠楚王、忠于楚王、全力辅佐楚王打江山的嬖臣队伍。这种不局限于特权家族，而根据集权君主推崇的选拔标准，通过全民"海选"来选拔人才的思路，就是战国及以后中国历代人才选拔制度改革的基本思路之一。秦国的军功爵制、汉代的察举征辟制以及隋代以后的科举制遵循的都是这个思路。这种人才选拔制度是有利于维护君主集权统治秩序的，因为被选用的人才心里清楚，他们被选上不是因为家族的恩荫，而完全是因为君主的赏识和宠信，因此他们也会努力为君主效劳以维护这份赏识和宠信。

当然，这种君王直接绕开保守贵族势力，直接从民间招募一帮流亡者一起创业的超常规做法必然会遭到申无宇这样尊崇周礼的贤大夫的批判。楚灵王一方面宽宏大度，不与忠臣申无宇计较；另一方面自有一套思路，仍然我行我素。实际上，申无宇及其家人对于楚灵王的宽容非常感恩。前529年楚灵王兵败走投无路时，正是申无宇的儿子申亥收留了楚灵王。后来，申亥还杀了自己的两个女儿给自杀的楚灵王陪葬。

营建章华新解：
建设乾溪新都邑的楚王宫殿

从商代楚人离开中原腹地向西南迁徙算起，到春秋晚期楚灵王即位之前，已考证出可能地理位置的所有楚先公/先王的正式都邑/临时居所，包括京宗/丹阳、夷屯、发渐、旁屽、乔多、都、焚、宵、疆郢、郢、樊郢、为郢、免郢、都郢、媷郢、睽郢、鄂郢、蒸之野，其地理分布呈现出两个明显的特点：

第一，这些都邑/王居全都位于"方城之内"，也就是方城山-桐柏山-大别山以西地区。

第二，这些都邑/王居全都位于汉水（汉江）流域，也就是汉水及其支流流经的地区。[1]

也就是说，楚人的都邑/王居虽然经常迁徙，但是其实都在同一个地理单元里进行调整，这片楚人长期经营并设立都邑/王居的地区，就是所谓的"上

---

[1] 方城（山）、桐柏山、大别山、荆山、汉水（汉江）见图5及图8。上述楚先公/先王的居所/都邑的地理考证参见赵炳清（2013年）。

国"。实际上，到了春秋时期，疆郢、郢、樊郢、为郢、郆郢、媺郢这几个称为"郢"的正式都邑，全部位于上国地区西部的一个狭长区域，就是从西北到东南流经今湖北省襄阳市、宜城市、钟祥市的汉水（汉江）中游两岸，主要是南漳县、宜城市境内、荆山以东、汉水以西的地区，以下简称"荆东汉西核心区"❶。

与"上国"相对应的一个地理概念是"东国"，也就是方城山－桐柏山－大别山以东地区，主要是指淮水（淮河）流域❷。相对于历史悠久的上国地区而言，东国地区是从楚文王时期开始着力开拓的南方新区，在楚灵王之前，从来没有楚王在东国地区设立都邑／王居。如果说楚国政治中有什么"政治正确"原则的话，"上国本位"恐怕是其中最重要的一条。

从楚文王时期开始，楚国不断向东开疆拓土，扩大其东国地区，而政治中心——都邑／王居一直位于上国地区，而且主要是位于上国地区西部的荆东汉西核心区，这导致楚国的政治中心在整个楚国疆域中的地理位置变得越来越偏西，而这种布局的弊端也逐渐暴露出来，那就是：在当时的交通条件下，特别是在

---

❶ 上国、荆东汉西核心区（图中标"楚"处）见图5及图8。襄阳、宜城、钟祥、南漳见图8。
❷ 东国、淮水（淮河）见图5及图8。

马车道路条件远不及中原的南方地区，偏居于西部的楚国中央政府很难有效管控和守卫新占领的东国地区，特别是相距最为遥远的远东地区。

楚国的这个结构性问题在吴国崛起之后变得更加尖锐，因为吴国进犯的正是楚国的远东地区，而楚王和令尹、司马等高官都居住在楚国上国地区西部的荆东汉西核心区，因此无论是楚国君臣率军被动防御吴国的进攻，还是主动出兵讨伐吴国，都需要从楚国西部长途跋涉至远东地区，抵达时不仅楚军已经非常疲惫，后勤供应已经非常困难，而且吴人早已经得到情报，能够凭借以逸待劳的优势与楚军交战。如果说楚国与吴国争夺远东地区已经是"力不从心"的话，那么攻下位于太湖平原的吴国都城就更加是"痴人说梦"了。

虽然从楚共王起的楚王都在承受都邑／王居远离吴楚斗争热点区域带来的结构性困难，然而楚共王、楚康王的反应却非常消极，不仅没有采取任何措施来解决这个问题，甚至连前任楚王都会做的基本功课都不做了。从楚武王开始，每位楚王在其在位期间都会根据政治军事需要迁徙都邑至少一次，多的达到四次（楚庄王），这似乎成了春秋时期楚国政治中的一项不成文的惯例。然而，幼年即位的楚共王、楚康王却打破了这个惯例，他们一直居住在楚庄王后期就已经开始使用的为郢（位于荆东汉西核心区），成年亲政之后也没有迁徙。即使从楚共王元年（前590年）算起，到楚灵王正式即位时（前540年），楚王也已经五十年没有迁徙过都邑了。在这段时间，吴国一直在进攻和侵占楚国的远东地区，而且冲突越来越大。前546年（楚康王十四年）晋楚弭兵之盟后，吴国正式取代晋国，成为楚国面临的最大外部威胁。

在这样的国际形势背景下，我们来试图重新探讨营建章华宫的战略意义，这个探讨自然要从追寻它的地理位置开始。实际上，因为章华宫成为楚国宫殿建筑最高成就的代名词，所以原楚国境内攀附章华宫之名的地方也很多，至少有七处，包括安徽亳州、湖北潜江、湖北监利、湖北沙市、湖北长林、河南商水、湖南华容[1]。在这里面，最有探讨价值的有两个，一个是安徽亳州，一个是湖北潜江。

关于章华宫的地望，三国之前的旧说是在乾溪岸边。实际上，《春秋公羊传》、陆贾《新语·怀虑》正文都把章华台称为"乾溪之台"。那么乾溪在哪里？古代历史地理著作给出了一个明确的说法，是在今安徽

---

[1] 关于章华宫地望的各种说法，参见刘刚、吴龙宪、蒋梦婷（2016年）。

省亳州市东南城父镇一带。实际上,《后汉书·郡国志》明确说,亳州乾溪所在的汝南郡有章华台。❶

"乾溪位于安徽亳州"这个说法是否合理?让我们从军事地理的角度来探究一下。《左传》的战争记载中两次出现"乾溪",都在楚灵王时期,而且都与楚人讨伐吴国有关:第一次是在前536年(楚灵王五年),楚令尹蒍罢在讨伐吴国的战役中驻扎在乾溪;第二次是在前530年(楚灵王十一年),楚灵王在逼降徐国进而攻灭吴国的战役中驻扎在乾溪。因此,乾溪应该在靠近徐国都城(江苏省泗洪县)的地方,距离吴国都城(江苏省苏州市)也不远❷。从这个角度来说,安徽亳州这个标准说法是最为合理的,因为与位于上国地区的楚国都邑相比,乾溪的确靠近徐国都城,距离吴国都城也不远。

与此同时,关于春秋时期楚国都邑地望,古代一致认为在湖北省荆州市(古江陵县)❸,比如《汉书·地理志上》提到"江陵,故楚郢都,楚文王自丹阳徙此"。乾溪和楚国都邑的地望综合起来,构成关于章华宫地望的第一种主要说法,我们可以将其命名为

---

❶ 乾溪见图5以及图8。亳州城父见图8。
❷ 徐、吴(吴2)见图1、图5及图8。泗洪、苏州见图8。
❸ 荆州见图8。

"旧亳州乾溪说"。旧亳州乾溪说展示的图景是：楚灵王的都邑在湖北荆州，然后他在靠近吴国的安徽亳州建造了一个雄伟豪华的章华宫。

旧亳州乾溪说最大的问题是，它无法解释楚灵王建造章华宫的目的。一般来说，建造一个雄伟豪华的宫殿建筑群，可能的目的主要有两个：一个是在都邑中作为君王宫殿，一个是在距离都邑不远的风景游猎区作为君王的离宫别苑。然而，乾溪既不是楚国都邑，也不是距离都邑不远的风景游猎区，而是位于远离都邑的吴楚斗争热点地区，在此地建设章华宫的意义无法得到合理的解释。

然而，到了西晋时，出现了一种截然不同的新说法。西晋杜预在注解《左传·昭公七年》"章华之宫"时说，"章华，南郡华容县"，也就是今湖北省潜江市；在注解"章华之台"时进一步说，"台在华容城内"。此外，杜预在注解《左传·桓公二年》"楚"时说，"楚国，今南郡江陵县北纪南城也"，也就是位于今天湖北省荆州市的纪南城遗址；杜预在注解《左传·昭公六年》"乾溪"时说，"乾溪，在谯国城父县南"，也就是今安徽省亳州市。❶

---

❶ 潜江、纪南城遗址见图8。

这是关于章华台地望的第二种主要说法，我们可以将其命名为"潜江华容说"。潜江华容说展示的图景是：楚灵王的都邑在湖北荆州纪南城，然后他在靠近都邑的湖北潜江（古华容县）建设了一个雄伟豪华的章华宫。无论是都邑还是章华宫，都与位于安徽亳州的乾溪相距遥远。

20世纪80年代时，"潜江华容说"一跃成为主说，这是因为它得到了重大考古发现的支持。从1984年开始，考古工作者在潜江市西南龙湾镇发现了一处大型东周楚国宫殿遗址，在龙湾遗址❶范围内共发现夯土台基22座，总面积达到30余万平方米，建筑年代从春秋晚期到战国时期。此外，龙湾遗址位于云梦游猎区中，与被普遍认为是春秋到战国时期楚都的纪南城遗址相距55千米，符合供楚王游猎时居住的楚都离宫的定位。在此基础上，以历史地理泰斗谭其骧为代表的众多学者认为，龙湾楚宫遗址在地望、规模、年代各方面与楚灵王章华宫相吻合，其中规模最大的1号宫殿基址被认为就是章华台。❷不过，这里要强调的是，龙湾遗址中并没有发现任何直接证据（比如铭刻

---

❶ 龙湾遗址见图8。
❷ 龙湾遗址概况参见陈跃钧（2003年）。

文字）证明它就是楚灵王章华宫遗址。

然而，近年来对于楚国都城及楚国核心区的考古学探索表明，春秋时期楚国都城所在的政治核心区是荆东汉西地区（图5及图8"楚"所在），而不是包含纪南城遗址的沮漳河下游地区。实际上，在整个春秋时代，纪南城遗址都只是一个很小的聚落，不可能是春秋时期的楚国都邑，它达到都城规模是在战国中晚期，应该就是前278年秦将白起所攻灭的战国楚郢都❶。如果春秋楚都并不在距离龙湾遗址不远的纪南城，而在距离龙湾遗址遥远的汉水中游，那么龙湾遗址是春秋楚都离宫章华宫的说法也就难以成立了。

实际上，在龙湾遗址1号宫殿基址里发现的考古遗存，虽然上限年代可以到春秋晚期，但绝大部分的年代是战国时期，下限年代是战国中晚期❷。笔者认为，龙湾楚国宫殿群最有可能是一个与楚灵王章华宫无关的楚国大型宫殿群，距离战国时期楚都纪南城不远，是战国时期楚王云梦游猎区的一部分，在春秋晚期就已经开始有早期建筑，大兴土木是在战国时期。龙湾宫殿群被毁弃之后，由于留下的宫殿基址非常宏大，

---

❶ 楚都及楚国核心区探索参见尹弘兵（2009年）。
❷ 龙湾遗址1号宫殿基址考古发掘情况参见荆州市博物馆、潜江市博物馆（2003年）。

开始在当地激发起章华宫的传说。到西晋时，杜预在注解《左传》时提出了"章华宫在古华容县"的说法，章华宫地望"潜江华容说"正式登场。到了20世纪80年代，考古工作者开始发掘龙湾遗址，发现它的地望与杜预的说法对得上，遗址规模、上限年代与章华宫相关记载对得上，于是认定此处建筑群就是楚灵王章华宫，而遗址中规模最大的1号宫殿基址被认为就是章华台。

2012年公布的清华大学藏战国楚简《楚居》篇，将学界的注意力又拉回到亳州乾溪说。《楚居》记载的是历代楚国先公／先王的长期都邑／临时居所。据《楚居》的记载：

> 到楚灵王时，从为郢迁徙到䣈溪之上，建设章华之台作为居所。楚平王即位，仍居住在䣈溪之上。到楚昭王时，从䣈溪之上再迁徙回到媺郢，从媺郢迁徙到鄂郢居住，鄂郢迁徙回到为郢。吴王阖庐（一作"阖闾"）攻入为郢，于是再迁徙到䣈

溪之上居住，𣲺溪之上再迁徙回到𤇻郢。[1]

这个记载的信息量很大：

第一，它表明楚灵王即位之后，离开了楚共王、康王时期位于荆东汉西核心区的都邑为郢，迁徙到了"𣲺溪之上"，也就是𣲺溪岸边的某个地方。不仅楚灵王在其在位期间主要居住在𣲺溪之上，楚平王在其整个在位期间也都住在这里。因此，𣲺溪之上绝不是"同宫之北""蒸之野"那样的临时王居，而是两任楚王的长期都邑。实际上，如《楚居》所言，后来楚昭王为了躲避吴王阖庐，也曾逃到𣲺溪之上居住。

如果说楚灵王都邑在𣲺溪，那么𣲺溪在哪里？

我想看到这里，读者恐怕已经有了这么一种推测：𣲺溪恐怕就是乾溪吧！实际上，这也正是《楚居》整理者和不少解读《楚居》的学者的看法。《楚居》整理者将简文本字𣲺隶定为"秦"，又根据秦、乾的音近通假关系，将"𣲺溪"释读为"乾溪"；更有学者认为，

---

[1] 清华简一《楚居》："至灵王，自为郢徙居𣲺溪之上，以为处于章华之台。景平王即位，犹居𣲺溪之上。至昭王，自𣲺溪之上徙居𤇻郢，𤇻郢徙居鄂郢，鄂郢徙袭为郢。阖庐入郢，焉复徙居𣲺溪之上，𣲺溪之上复徙袭𤇻郢。"参见季旭昇、王瑜桢、黄泽钧、李雅萍、金宇祥（2013年）。

【癸酉】营建章华：大兴土木背后的楚王天下雄心

简文☐字不应该隶定为"秦",而应该隶定为"寨",寨、乾同为见纽元部字,通假关系更加明显,因此同样将"☐溪"释读为"乾溪"[1]。总而言之,《楚居》里的"☐溪",应该就是传世文献中的"乾溪"。

很有意思的是,这个"乾溪之上"虽然是两任楚王的长期都邑,而且还专门建设了章华宫作为楚王宫殿,却一直没有获得象征首都地位的"某郢"称号。笔者认为可能是正如下文将要详细论述的那样,楚灵王想要建设的是一个东西两都体系(参见后文),在这个体系中,位于上国地区的都邑是首都,拥有"某郢"的称号;而位于东国地区的都邑是陪都,暂时用它的地理位置"乾溪之上"命名。由于楚灵王后来身败名裂,东西两都计划从此不再在正式场合被提起,因此曾经使用过此处都邑的楚平王、楚昭王都没有再给它一个更加正式的名称,而是一直叫它"乾溪之上"。

第二,楚灵王在乾溪都邑的具体居所是章华台,也就是章华宫建筑群的主体建筑。也就是说,章华宫并不是楚王都邑外的离宫别苑,而就是都邑中的楚王宫殿。

总而言之,《楚居》的记载实际上是提供了一个"新亳州乾溪说",它所展示的图景是:楚灵王即位后,

---

[1] ☐字释读参见黄灵庚(2012年)。

离开了位于湖北荆东汉西核心区的为郢，迁到了位于安徽亳州的乾溪之上，将此地作为楚王实际居住的都邑，并在此地建造了章华宫。乾溪之上是楚灵王、楚平王时期楚王长期居住的都邑，但并不是楚国首都。

根据上面的分析，笔者的判断是：在文献证据方面，新亳州乾溪说既有三国之前的诸多旧说的一致支持，又有战国楚简《楚居》的支持，远远胜过主要由杜预注解支持的潜江华容说；在考古证据方面，支持潜江华容说的龙湾遗址疑点重重，大概率不是楚灵王章华宫的遗址。总而言之，笔者支持新亳州乾溪说的观点，并将基于这个假说来进行接下来的分析。

迁都乾溪：
反转战局，摆脱束缚，建设东都

楚灵王迁都乾溪无疑是楚国都邑／王居迁徙史上一个破天荒的事件，他打破了自商朝以来楚国都邑／王居位于方城之内、汉水流域的先君旧例，第一次将都邑／王居迁徙到了远离上国的东国地区。

楚灵王为什么要这样做？笔者认为，大概有这样三层战略意义。

第一，楚灵王在靠近吴国的乾溪建设新都邑，并且长期居住在那里，是为了彻底扭转楚国政治中心远离吴楚斗争热点地区而造成的战略劣势，在楚国的"远东"地区建设一个灭吴战争的前进基地和指挥中心。

如果从吴楚斗争的角度考虑的话，淮水第一处中下游地区是吴楚斗争的热点区域，乾溪都邑位于热点区域西北，吴国都城位于热点区域东南，而且乾溪都邑到淮水的直线距离比吴国都城到淮水的直线距离要近得多。如果从灭吴战争的角度考虑的话，乾溪都邑到吴国都城的距离，大约只有荆东汉西核心区到吴国都城距离的一半，而且乾溪都邑与吴国都城之间还没有方城山－桐柏山－大别山的阻隔。

由此可见，如果楚灵王将他长期居住的都邑从遥远的荆东汉西核心区迁徙到位于远东地区的乾溪，然后将乾溪都邑作为对吴战争的前进基地和指挥中心，那么吴国长期拥有的行军时间优势就将荡然无存，而楚国作为南方第一军事强国的实力优势就能充分发挥出来，很可能造成吴楚战争形势的大逆转，最终实现"攻灭吴国，统一南方"的战略目标。

将君王常驻的国都有意识地迁往／留在便于抵御敌国入侵以及主动进攻敌国的边境地区，楚灵王也许是第一个，但不是最后一个。

比如说北魏孝文帝。490年魏孝文帝亲政时，北魏的都城是位于草原－中原过渡区的平城（山西省大同市）。当时北魏已经占领了中原汉地，接下来最重要的国家战略目标就是灭亡萧齐、统一天下，但从平城出兵讨伐萧齐路途遥远，到达魏齐边境时军队已经是疲惫不堪。493年时，魏孝文帝正是以南征为借口，率领大军从平城出发，正好在秋雨连绵、道路泥泞的时候到达洛阳，然后利用群臣疲惫不愿南下又不愿北返的心态，在洛阳驻扎下来，进而完成了迁都洛阳的计划。洛阳位于魏齐相争的前线地区，从这里发动灭齐战争当然是更加便利，这是魏孝文帝迁都洛阳的重要原因之一。

比如说唐太宗。唐朝建立后，突厥趁机大举南侵，实际控制了长安以北的大部分郡县。唐高祖李渊准备将都城南迁至南阳盆地以换取安全，被当时还是秦王的李世民坚决劝谏阻止。按照钱穆在《国史大纲》里的说法，在唐朝初年的版图中，"长安代表的是中国东、西部之结合；首都居最前线，领导着全国国力向外发展的一种斗争形势"。果然，唐太宗即位之后，灭东突厥、薛延陀，平定吐谷浑、高昌，到贞观末年时，唐朝已经控制了蒙古高原和西域，唐太宗成为北方周边族群敬畏的"天可汗"。

又比如说明成祖朱棣。明朝建立之后，明太祖朱元璋将首都定在南京。镇守北平的燕王朱棣在1402年政变成功登上帝位之后，先是把北平立为陪都，并长期住在北平，同时让太子在南京监国，最终在1421年正式将首都迁至北京。明成祖之所以这样做，一方面当然是因为北京是自己当年做藩王时就开始经营的地盘，比南京更加安全可靠；另一方面就是为了便于就近大规模调动军队抵抗蒙古人的进攻，进而出塞讨伐蒙古。从1409年到1424年，明成祖先后五次从北平／北京出发亲征蒙古，削弱了蒙古势力，巩固了明朝的北方版图。

第二，楚灵王在远离上国地区的乾溪建设新都邑，并且长期居住在那里，是为了摆脱上国地区保守势力的束缚，便于酝酿实施各种超常规的政治举措。

从传世文献记载来看，楚灵王在位期间至少实施了以下两项超常规的政治举措：

（一）根据贤能才干而不是家族背景任命官员。楚灵王在乾溪东都建成章华宫后，"招募了许多国内外的逃亡者居住在里面"。上一节我们已经分析过，楚灵王这样做的目的应该是建设一支忠诚度高、思路开阔、有胆量、有才干的嬖臣队伍，帮助他成就统一南方甚至天下的伟业。

实际上，楚灵王改革人才选举制度的努力恐怕在他还没有迁徙到乾溪都邑之时就已经开始了。根据《左传·昭公十三年》的记载，当反对楚灵王的政治势力发动政变进攻位于荆东汉西核心区的为郢时，他们依靠的主要力量就是在楚灵王时期丧失了世袭职务的大夫家族。笔者认为，楚灵王应该是在还没有迁都之前，就试图在为郢通过罢黜才能低下的世袭大夫，来整肃楚国的官僚体系。

（二）通过强制迁徙民众来达到战略目的。楚灵王时期见于传世文献记载的迁徙行动至少有三次：

第一次，前538年（楚灵王三年）楚灵王灭赖国之后，将赖国遗民迁徙到"上国"地区的鄀邑"监视居住"，以消除赖国遗民反叛复国的安全隐患❶。

第二次，前534年（楚灵王七年）灭陈国建陈县之后，楚灵王将乾溪都邑原住民迁徙到陈县，由他信任的陈县县公穿封戌进行监管；将长期顺服楚国的许国人从军事重地叶县（许2）迁徙到乾溪都邑（许3）居住，以提高乾溪都邑地区的安全等级；然后将方城山外一些城邑的民众迁徙到叶县居住，以填补许国人

---

❶ 赖、鄀见图5。

迁走造成的空虚❶。

第三次，前531年（楚灵王十年）灭蔡国建蔡县之后，楚灵王将东国地区的许、胡、沈、道、房、申等小国的民众迁徙到上国地区监视居住，防止他们趁着楚灵王在远东地区作战的机会在后方起兵反叛❷。

楚灵王如果想要在先王长期定都、保守派势力盘根错节的上国为郢推行上述超常规举措，比如说罢黜大夫的世袭职位，又比如下令进行各种迫使民众背井离乡的迁徙行动，一定会遭到保守派卿大夫的强烈反对，难以贯彻落实。笔者认为，楚灵王为了甩开先王旧都的保守派卿大夫势力，做了如下安排：

一方面，楚灵王宣称位于上国地区的为郢仍然是楚国首都，仍然是维持国家日常运转的各中央官署所在地，仍然是自己的儿子们以及保守派卿大夫的居所。前529年（楚灵王十二年）反对派势力在后方发动武装政变时，就是迅速攻入了为郢，杀死了楚灵王押在为郢的两个儿子——太子禄和王子罢敌，从而让楚灵王绝了后代。

另一方面，楚灵王带上一批他所赏识的高级卿大

---

❶ 陈、许（许2、许3）、叶见图5。
❷ 蔡（蔡1）、许（许3）、胡、沈、道、房、申（国）见图5。

夫前往位于东国地区的乾溪都邑，在他居住的章华宫组织了一个比较精干的高级卿大夫团队，同时依靠他在章华宫招揽流亡者就地组建的嬖臣团队，继续推进他的灭吴战略和各项超常规政治举措。根据《左传》记载推断，在楚灵王的乾溪高级卿大夫团队中，应该就有敢于犯颜直谏的伍举和申无宇，另外至少还有令尹薳（音"韦"）罢、太宰薳启强、右尹然丹和弟弟王子弃疾。

楚灵王的这个安排，与明成祖正式迁都北京前派太子留守南京，而自己长期住在北平的做法简直就是如出一辙。

实际上，通过迁都来甩开保守派势力的束缚，从而大刀阔斧地开展改革，楚灵王也不是最后一个。

比如北魏孝文帝。魏孝文帝即位之后，在北方都城平城推行以强制性"全面汉化"为特色的政治体制改革，严重损害了保守派鲜卑军事贵族的利益，遭到越来越强烈的反对。在这样的情势下，魏孝文帝在493年将都城从平城南迁到洛阳，除了便于组织和发动灭齐战争之外，另外一个很重要的原因就是为了甩开盘踞在平城不愿南迁的保守派贵族，继续推进他的"全面汉化"改革。

再比如隋炀帝。604年隋炀帝即位时，隋朝的首都是位于关中盆地的大兴城,也就是后来的唐长安城。然而,隋炀帝并没有按照他父亲隋文帝的规划继续建设西都大兴,而是集中精力在关东地区营建东都洛阳以及江都扬州,并在东都、江都流连不返,也就是将君王实际居住的都城迁到了东都和江都。隋炀帝这样做的一个重要原因,就是为了摆脱以关中为本位的关陇集团老臣的束缚,随心所欲地治国理政。与楚灵王大兴土木建设章华宫非常类似的是,隋炀帝在没有前朝旧城的前提下大兴土木营建东都洛阳城,充分体现了隋炀帝的豪奢风格,宫殿修建得极其富丽堂皇。

又比如说金主完颜亮。1149年金主完颜亮即位之时,金朝的都城还在位于女真地区腹地的上京会宁府,也就是今天的黑龙江省哈尔滨市阿城区南。为了摆脱女真保守派势力的束缚推进全面汉化改革,更加有效地控制金人占领的中原地区,更加便利地组织和发动灭南宋战争,完颜亮决定将都城从上京会宁府南迁到位于汉地的中都大兴府(今北京市)。迁都前后,特别是迁都之后,完颜亮在官制、科举制度等方面进行了大刀阔斧的改革,改革的基本特点与魏孝文帝非常相似,也是强制性的"全面汉化"。比如说,完颜亮决定不再分南北榜,而且专以词赋取士,这种政策的最大受益者当然是文化程度高的汉人,而女真士人则遭到排挤。1161年，全面改革之后踌躇满志的完颜亮大举南侵，试图攻灭南宋、一统天下。完颜亮出兵不久，东京留守完颜雍发动政变自立为帝，改元大定。十一月，金军采石大战失败，完颜亮被部将所杀。

第三，楚灵王在乾溪都邑大兴土木建设章华宫，是为统一南方后的楚国，甚至统一天下后的"楚朝"早做准备，建设一个足以与历史悠久的为郢相匹敌的乾溪东都，从而建立起一个与周朝西都宗周-东都成周相比拟的东西两都体系。

东西两都制最早是周人的发明。周人兴起于群山环绕、易守难攻的关中盆地，灭商朝之后夺取了对于广袤东部商朝旧地的统治权。非常相似的是，楚人兴起于群山环绕、易守难攻的上国地区，从楚文王时期开始大举向东开拓，占有了一个越来越大的东国地区。楚灵王应该是学习西周初年周武王及周公保留位于关中盆地的西都宗周（陕西省西安市），同时在东部商朝旧地建立东都成周（河南省洛阳市）的方法，准备一方面保留位于上国地区的为郢作为西都，同时在东国地区的乾溪岸边从头开始营造宫室建立东都，从而形成楚国版的两都体系❶。

我们知道,在周人的两都体系中,位于关中盆地的西都宗周历史悠久,地位崇高,地形险固,是周朝的首都,也是历代周王宗庙所在,周王在缺省状态下居住在宗周;位于东部商朝旧地的东都成周是周朝建立后周公从头营建的新都城,地形不如宗周险固,但是交通非常便利,是周朝的陪都,周王在处理东土和南土相关事务时会前往成周,比如说主持诸侯会盟,或者组织军事讨伐行动。

笔者认为,楚灵王对于楚国/楚朝两都体系的规划应该是这样的:

位于上国地区的为郢西都历史悠久,地位崇高,地形险固,是楚国/楚朝的首都,也是历代楚王宗庙所在,楚王在缺省状态下居住在为郢西都;位于东国地区的乾溪东都是楚灵王从头营建的新都邑,地形不如为郢险固,但是交通非常便利,是楚国/楚朝的陪都,楚王在处理东国地区相关事务时会前往乾溪东都。

正因为楚灵王有这样的规划,所以虽然他自己长期居住在乾溪东都以组织指挥灭吴战争,但他的儿子却都留在了为郢西都,因为为郢才是楚国的首都。也

---

❶ 西安、洛阳见图8。

正因为楚灵王有这样的规划，所以乾溪都邑并没有获得"某郢"的称号。"一国不容二郢"，这个"某郢"的称号是留给位于荆东汉西核心区的首都为郢的。

如果乾溪都邑仅仅定位为灭吴战争的临时前进基地和指挥中心的话，在此地大兴土木建设章华宫当然是不可理喻的奢侈浪费。然而，如果乾溪都邑实际上是未来统一南方之后的楚国东都，甚至是未来一统天下后的楚朝东都的话，那么，楚灵王在此地大兴土木建设章华宫的行为就很有可能是深谋远虑的结果。

笔者认为楚灵王的谋划是：

一朝楚王一朝臣，一定要"功成在我"，也就是在自己在位期间将乾溪都邑打造成为不可撼动的东都。不然的话，自己去世后，继位的楚王是否会按照自己设定的蓝图继续推进两都体系建设是无法确定的。

为郢西都处在历史悠久的荆东汉西核心区，早在楚文王时期（前689年即位）就已经成为楚国都邑，在楚穆王时也曾作为都邑，在楚庄王后期——楚共王——楚康王——郏敖——楚灵王前期（前540年即位）更是不间断地作为都邑，营建改造的历史将近一个半世纪。如果按照建设为郢的常规模式来建设乾溪都邑的话，在自己在位期间是不可能建造出一个能与为郢相提并论的东都的。

因此，一个可行的方案是采取"弯道超车"的超常规模式——在国家强势崛起，自己掌控力最强的在位前期，举全国之力迅速建造一个规模空前、工艺水平极高的都城宫殿建筑群，超越为郢和天下其他诸侯国都城，从而一举奠定乾溪都邑的东都地位。

总而言之，如果仅仅从楚灵王本人的居所迁移来看，楚灵王所做的事情是像魏孝文帝、隋炀帝、金完颜亮、明成祖那样的"迁都"，也就是从上国地区的为郢迁到东国地区的乾溪。然而，在实际上，如果考虑到楚灵王将自己的儿子留在为郢，并且没有将新都命名为"某郢"来看，楚灵王所做的事情实际上是像西周初年周武王、周公那样的"建都"，也就是保留上国地区的为郢作为首都，同时在东国地区建设乾溪新都。

当然，就像大兴土木建设东都洛阳的隋炀帝一样，楚灵王为了在短时间内打造出一个足以与为郢西都匹敌的乾溪东都，大兴土木建造章华宫，给楚国民众带来了以前从来没有经历过的沉重劳役和赋税负担。这成为导致后方发生政变、楚灵王兵败身死的重要原因之一。

功亏一篑：
楚灵王的失败和乾溪东都的结局

到前530年（楚灵王十一年）时，楚灵王认为他已经为发动灭吴战争做好了一切准备：

第一，楚灵王已经在远东地区建立了乾溪东都作为前进基地，能够从乾溪迅捷地发兵攻打吴国，先前吴国所享有的军事地理优势不复存在。

第二，楚国已经攻灭或制服了钟离、州来、六、舒庸、舒鸠、巢等小国❶，从地图上看，只要再攻灭或制服徐国，就能够封住吴国侵略扩张的两个主要方向——西面和北面。此外，楚国已经与吴国南面的越国形成结盟关系，因此越国将会积极配合楚国的灭吴战争。由于吴国的东面是无处可逃的大海，也就是说，楚国对吴国的战略包围形势已经基本形成。

第三，楚灵王已经攻灭了位于晋楚中间地带的两个主要诸侯国——陈国、蔡国，任命了自己信任的穿封戌担任陈县县公，王子弃疾担任蔡县县公。后来王子弃疾兼任陈、蔡两县的县公。楚灵王悍然攻灭陈、蔡的行动，对于鲁、卫、郑、宋等其他中原主要诸侯国，

---

❶ 钟离、州来、六、舒庸、舒鸠、巢见图5。越见图1、图5。

以及还没有被楚国灭掉的南方小国来说，都是极大的震慑。

第四，楚灵王从中原霸主晋国在陈、蔡被灭后的敷衍反应可以确认，晋国将继续奉行绥靖主义的对楚政策，不大可能在楚国展开灭吴战争期间组织各中原主要诸侯国大举讨伐楚国。

第五，楚灵王已经把乾溪东都原住民和后方几个可能叛乱的灭国／属国民众迁到了上国地区集中监视居住，以杜绝这些民众趁楚国全力灭吴时发动叛乱的可能性。

前530年冬天，楚灵王派出大军包围徐国都城，自己率军驻扎在乾溪东都外的行营作为后援，想要让吴国感到害怕而投降。在这个马上就要统一南方的历史性时刻，楚灵王心中对未来的狂想也到了登峰造极的地步，他在与重臣然丹的谈话中问了这么个极富想象力的问题：如果我派人去周王室求取大鼎，周王室会不会给我？然丹回答说，现在周王室和晋、齐、鲁、卫等中原主要诸侯国都对君唯命是从，肯定会给您的！

之所以说楚灵王提的这个问题"极富想象力"，是因为根据本文最开始引用的《史记·楚世家》太史公论赞，司马迁认为，楚灵王准备派人去周王室求取的大鼎，就是楚庄王当年曾向周王室询问轻重的、象征周王室统治天下权威的九鼎。知道这一层信息之后，我们才会意识到，楚灵王向然丹问这个问题的目的，并不是为了理性地咨询自己能否得到周王室的九鼎，而是在感性地抒发自己胸中的壮志豪情。然丹当然也完全明白楚灵王的心理需求，因此顺着楚灵王的心愿进行吹捧，给楚灵王的壮志豪情火上浇油。那么，楚灵王的壮志豪情是什么呢？

楚灵王相信，在上天的恩宠下，自己马上就要成就前任楚王都没有完成的统一南方伟业。在他看来，统一南方之后，拥有天下半壁江山、君王英明神武、国运节节攀升的楚国必然成为天下第一大国和强国；无论是从军事硬实力还是体制软实力（君主志向和权威、大臣团结程度等）来说，包括晋国在内的中原诸侯国，没有一个是楚国的对手。在这样的形势研判基础上，楚灵王认为自己已经具备了取代周朝建立楚朝、成为天下新王的资格。只不过如果要动用武力改朝换代的话，会导致中原地区大规模的人员伤亡和财产损失，最后结果还是一样。

因此，楚灵王认为最体面的流程应该是：楚灵王出于对前朝的尊重，派出使者去周王室求取九鼎；而周王室出于对楚国压倒性实力的认知，应该将九鼎乖乖地送给楚王室，用一种类似于"禅让"的方式宣告天下改朝换代，从周朝换成楚朝。

然而，前529年（楚灵王十二年）春天，正当楚灵王坐镇乾溪行营，指挥楚军主力投入到灭吴战争的时候，位于乾溪东都以西"大后方"的各股反对派势力联合发动武装政变，迅速攻入为郢西都，杀了楚灵王的两个儿子，并建立了新政权，由楚灵王的大弟王子比担任楚王，二弟王子黑肱担任令尹，三弟王子弃疾担任司马。新政权随后派人到乾溪行营散布消息说："先回国归顺新王的可以恢复禄位，后回国的要接受割鼻之刑。"❶楚灵王得知情况后就率领楚军主力向上国地区撤退，走到半路军队就溃散了，因为带兵的卿大夫们争先恐后想要回到为郢恢复禄位。众叛亲离的楚灵王最后逃到申无宇之子申亥家中，于前529年夏五月二十五日上吊自杀。申亥埋葬了楚灵王，并杀了自己的两个女儿作为陪葬。

正当楚灵王在申亥家中一步步走向精神崩溃的同时，新政权内部又发生了权力斗争，最终王子弃疾使诈逼迫王子比、王子黑肱自杀，自己即位为王，就是楚平王。楚平王上台后，正式放弃从楚武王以来历代

---

❶ 《左传·昭公十三年》："先归复所，后者劓。"

楚王一直为之不懈奋斗的"进取开拓，转型升级"国家战略，将国家战略正式变更为"保守维持"。具体说来，楚平王不再追求"统一南方"甚至"统一天下"这样的大一统理想，而是致力于守住楚国当前所拥有的疆域，同时恢复被灭属国在楚灵王之前的属国地位，与中原主要诸侯国发展友好关系，以防守而不是进攻的方式来应对来自吴国的挑战，试图将楚国从一个侵略成性的、蛮夷气质的崛起大国转变成为一个爱好和平、华夏气质的守成大国。

不过，楚平王仍然保留了楚灵王时期最重要的一项成果，那就是乾溪东都。据《楚居》的记载，楚平王在其整个在位期间，一直居住在乾溪东都，并没有撤回到上国地区。楚平王这样做的目的，应该是为了震慑吴国，防止吴国抓住楚国整体战略由扩张转为维持的机会大肆入侵。

值得注意的是，在前519年（楚平王十年）吴楚鸡父❶大战楚国惨败之后，楚国新任令尹囊瓦一上台就组织修筑为郢西都的外城墙。在此之前，由于楚国一直处于对外扩张的状态，为郢所在的荆东汉西核心区根本没有外敌入侵的可能性，所以为郢一直没有修筑

---

❶ 鸡父见图5。

外城墙，这也就是为什么本文中坚持不称"都城"而称"都邑"的原因。

前516年楚平王去世后，继位的是年纪不到七岁的楚昭王。前515年（楚昭王元年），吴王州于抓住楚平王新死、楚昭王幼主临朝的机会大举进攻楚国，被楚军击退，同年王子光杀吴王州于继位，就是日后攻破郢都的吴王阖庐。大概就在楚军艰难击退吴军之后不久，为了躲避吴王阖庐领导下的吴国的锋芒，令尹囊瓦带领楚昭王撤离了乾溪东都，回到位于荆东汉西核心区的媺郢，媺郢应该就在为郢附近。后来楚昭王又曾经在位于江汉平原上的鄂郢（湖北省鄂州市❶）居住过一段时间，然后又重新入住已经有外城墙的为郢。不过，至少到前512年（楚昭王四年）时，乾溪东都旧地仍然在楚国控制之下。

前512年，吴王州于的两位同母弟（王子掩余和王子烛庸）逃到了楚国。当时不到十一岁的楚昭王下令让两位吴国王子居住在城父（乾溪东都旧地）附近的养邑❷，派出工程队修筑城墙，并且从附近的城父和胡邑划拨土地给养邑，要把养邑打造成为一个可以随

---

❶ 鄂州见图8。
❷ 城父、养见图5。

时送吴王子回国夺权的前进基地。

楚昭王下令实施的建设养邑前进基地系列举措，实际上是在模仿伯父楚灵王在城父／乾溪建设灭吴前进基地的做法，而模仿楚灵王无疑是对父亲楚平王"保守维持"整体战略的一种背离。此时的楚昭王接近十一岁，已经快要达到春秋时期君主成年亲政的最低年限十二岁。楚昭王很可能是对令尹囊瓦长期畏惧避让吴国的做法有所不满，想要抓住吴国王子叛逃来楚这个机会来行使自己名义上拥有但长期未能有效行使的楚王权力，实施自己更加积极进取的政治主张，其目的是扭转楚国在吴楚斗争中的不利局面。然而，由于当时楚国朝政仍然被令尹囊瓦把持，楚昭王的这番努力最终未能奏效。

前506年（楚昭王十年），楚国迎来了整个春秋时期的"至暗时刻"：吴王阖庐率军攻破了方城山－桐柏山－大别山屏障，又在江汉平原的柏举❶大败楚军，最终在十一月二十八日攻入为郢。在为郢城破前一天，楚昭王及其贴身随从逃出都城，一路向东逃窜，最终逃到了乾溪东都。乾溪东都虽然靠近吴国，但是此时吴王阖庐正率领吴军主力在上国地区作战，因此乾溪

---

❶ 柏举见图5。

东都反而是更加安全的。前505年吴王阖庐放弃为郢班师回国，乾溪东都由于靠近吴国变得不再安全，楚昭王又向西奔逃回到了上国地区，在媺郢安顿下来。至此，乾溪东都被正式放弃。

不过，需要强调的是，乾溪东都地区虽然在春秋时期再也不是楚国都邑，但楚国仍然试图守住这个战略要地。比如说，前489年（楚昭王二十七年），楚昭王率军救援陈国时，军队驻扎地就是乾溪东都旧地城父，最终楚昭王在此地去世。

然而，乾溪东都的故事并没有完全结束。到了战国时期，楚简王、楚悼王都曾经在一个叫"鄝郢"的都邑居住。据考证，安徽省亳州市城父镇一带古有鄝乡，鄝郢应该就在鄝乡，与乾溪东都几乎就在一处❶。笔者认为，这个鄝郢应该利用了章华宫存留的宫室，是乾溪东都的回光返照。

---

❶ 鄝郢地望考证参见蒋琼杰（2017年）。

前仆后继：
与楚灵王迁都"押韵"的历代君王迁都事件

马克·吐温说："历史不会简单重复，但总会押着韵脚。"正如笔者在上一节所总结的那样，在后来的中央集权王朝中，多次出现与楚灵王迁都"押韵"的君王迁都事件，比如魏孝文帝从平城迁至洛阳，隋炀帝从西都大兴迁至东都洛阳／江都扬州，金完颜亮从上京会宁府迁至中都大兴府，明成祖从南京迁至北京。

实际上，笔者认为，在楚灵王迁都之前还有一次"押韵"的君王迁都事件，这次事件的主角就是申无宇拿来和楚灵王做比较的商纣王。考古发现和传世文献记载表明，商朝晚期的都邑殷墟在今河南省安阳市，但是商纣王实际居住的都邑朝歌却位于距离安阳市将近六十千米远的河南省淇县。也就是说，商纣王在即位之后应该是将君王实际居住的都邑从殷墟南迁到了朝歌❶。

商纣王为什么要迁都？传世文献的这些记载，可以帮助我们进行推测：

（一）据《史记·殷本纪》记载，"商纣王资质机

---

❶ 安阳、淇县见图8。

智口才快捷，所闻所见非常敏博，身材力量超过常人，空手能够格杀猛兽，他的智慧足以化解谏言，他的言语足以粉饰过错"，❶是一位各方面硬条件都非常出众的君王。

（二）据《史记·殷本纪》记载，祖伊、微子启、比干等多位思想端正的保守派贤臣都曾经劝谏商纣王。当祖伊劝告商纣王不可继续荒淫暴虐时，商纣王满怀自信地回答说："我从生下来开始不是就一直拥有上天赐予的大命吗？"❷

（三）据《左传·昭公七年》记载，申无宇在劝谏楚灵王不要收容逃亡者时，把楚灵王比作商纣王，并且引用周武王的话说："商纣王是天下逃亡之人的主子，就像鱼、兽聚集在深潭、草泽一样。"❸值得注意的是，楚灵王对这个比喻并不生气，而是坦然接受。

（四）据《左传·昭公十一年》记载，羊舌肸在分析楚灵王是否会取得最终胜利时举例说："商纣王攻克了东夷，最终导致自己的陨灭。"❹

---

❶ 《史记·殷本纪》：帝纣资辨捷疾，闻见甚敏；材力过人，手格猛兽；知足以距谏，言足以饰非。
❷ 《史记·殷本纪》："我生不有命在天乎？"
❸ 《左传·昭公七年》："纣为天下逋逃主，萃渊薮。"
❹ 《左传·昭公十一年》："纣克东夷而陨其身。"

（五）据《左传·僖公十九年》记载，卫国卿官宁庄子说："当年周国闹饥荒，攻克了殷商以后就迎来了丰年。"❶

（六）据《论语·子张》记载，孔子高徒子贡在谈及商纣王时说："商纣王的不善，不像现在传说的这么厉害。因此君子厌恶处于类似于江河下游的不利位置，一旦处在这种位置，天下的丑恶都会归集到他身上。"❷

毛泽东在对传世文献记载进行批判性思考的基础上，试图重构商纣王时期的史事真相，他说：

> 其实纣王是个很有本事、能文能武的人。他经营东南，把东夷和中原的统一巩固起来，在历史上是有功的。纣王伐徐州之夷，打了胜仗，但损失很大，俘虏太多，消化不了，周武王乘虚进攻，大批俘虏倒戈，结果使商朝亡了国。
>
> ——摘自毛泽东1958年11月读斯大林《苏联社会主义经济问题》的谈话

为什么纣王灭了呢？主要是比干反对他，还

---

❶ 《左传·僖公十九年》："昔周饥，克殷而年丰。"
❷ 《论语·子张》：子贡曰："纣之不善，不如是之甚也。是以君子恶居下流，天下之恶皆归焉。"

【癸酉】营建章华：大兴土木背后的楚王天下雄心

有箕子反对他，微子反对他。纣王去打徐夷（那是个大国，就是现在的徐州附近），打了好几年，把那个国家灭掉了。纣王是很有才干的，后头那些坏话都是周朝人讲的，就是不要听。他这个国家为什么分裂？就是因为这三个人都是反对派。而微子最坏，是个汉奸，他派两个人作代表到周朝请兵。武王头一次到孟津观兵回去了，然后又搞了两年，他说可以打了，因为有内应了。纣王把比干杀了，把箕子关起来了，但是对微子没有防备，只晓得他是个反对派，不晓得他通外国。给纣王翻案的就讲这个道理。纣王那个时候很有名声，商朝的老百姓很拥护他。纣王自杀了，他不投降。微子是汉奸，周应该封他，但是不敢封，而封了纣王的儿子武庚。后来武庚造反了，才封微子，把微子封为宋，就是商丘。

——摘自毛泽东1959年6月22日同吴芝圃等人的谈话 ❶

综合以上传世文献记载，参考毛主席的说法，笔者认为商纣王迁都、败亡以及楚灵王认同商纣王的可

---

❶ 徐州、商丘见图8。这两段原文参见陈晋（1996年）。

能真相是这样的：

商纣王是一个才能非常出众的君王，他深信自己受到上天恩宠，想要在自己任内干成几件大事，其中一件就是将对商王朝造成巨大威胁的东夷彻底打败。祖伊、微子启、比干等保守派大臣对商纣王的超常规政治举措整体持批评和反对态度，比如说，他们很可能认为攻灭东夷风险和耗费太大。商纣王对于大多数谏言都用巧辩化解了，然而有一回实在没有控制住情绪，杀了不依不饶的比干以泄愤和立威。

为了甩开保守派卿大夫大干一场，商纣王离开了保守派卿大夫势力深厚的安阳都邑，在安阳南面的淇县建立朝歌新都。迁都之后，商纣王积极地从各方国招揽不容于正统体制，但有野心和才干的逃亡人士作为自己的嬖臣，继续推进自己的灭东夷大业，并且推行了一些遭到各方国强烈反对的"暴政"，比如说为了扩军备战而逼迫各方国交纳更多贡赋。

经过几年的艰苦战斗，商纣王攻灭了东夷，但是他所率领的王室军队也元气大伤，可以说是"惨胜"。周武王在关中盆地饥荒需要到关东地区劫掠求生的现实需求驱使下，决定要抓住这次难得的机会，联络鼓动了因为商纣王收容方国逆臣、增收方国贡赋而不满的各方国发动武装叛乱，组成联军讨伐商纣王，最终在朝歌郊外的牧野击败商纣王，建立周朝。

周朝建立后，周王室为了论证自己"以臣弑君""以下犯上"的合法性，在流传后世的历史记载中构建了一个特别荒淫暴虐的商纣王形象。不过，直到春秋晚期，像子贡这样的士人仍然能够获取到一些不那么"政治正确"的商纣王的历史记载，并为商纣王"败者为寇"的命运深感惋惜。

楚灵王与商纣王一样各方面条件非常优秀，与商纣王一样都对自己得到上天恩宠有很深的信仰。此外，楚灵王很可能也像子贡一样知道商纣王败亡的真相。因此，当申无宇将楚灵王比作商纣王时，楚灵王并不生气，因为他知道自己正在干着和商纣王极为相似的事业。不过，楚灵王坚信自己受上天恩宠，不会落得商纣王那样的结局。

行文至此，笔者不禁畅想，如果能够组织一次商纣王、楚灵王、魏孝文帝、隋炀帝、金完颜亮、明成祖的高端对话，那必然会是一场惺惺相惜、异常精彩的盛会吧！

参考文献

司马迁著，吴树平等译注：《全注全译史记》，天津古籍出版社，1995年。

陈晋主编：《毛泽东读书笔记解析》，广东人民出版社，1996年。

杨天宇译注：《礼记译注》，上海古籍出版社，2004年。

杨伯峻译注：《孟子译注》，中华书局，2005年。

陈思婷、张继凌、高佑仁、朱赐麟：《〈上海博物馆藏战国楚竹书（四）〉读本》，万卷楼，2007年。

马保春：《晋国历史地理研究》，文物出版社，2007年。

杨伯峻译注：《论语译注》，中华书局，2009年。

尹弘兵：《楚国都城与核心区探索》，湖北人民出版社，2009年。

刘尚慈译注：《春秋公羊传译注》，中华书局，2010年。

张觉等撰：《韩非子译注》，上海古籍出版社，2012年。

刘勋：《春秋左传精读》，新世界出版社，2014年。

承载译注：《春秋穀梁传译注》，上海古籍出版社，2016年。

李梦生译注：《左传译注》，上海古籍出版社，2016年。

邬国义、胡果文、李晓路译注：《国语译注》，上海古籍出版社，2017年。

刘勋：《称霸：春秋国际新秩序的建立》，中华书局，2019年。

谢浩范、朱迎平译注：《管子译注》，上海古籍出版社，2020年。

刘勋：《救世：子产的为政之道》，中华书局，2021年。

陈跃钧：《楚章华台考》，《考古学研究》第5辑，科学出版社，2003年。

荆州市博物馆、潜江市博物馆：《湖北潜江龙湾放鹰台Ⅰ号楚宫基址发掘简报》，《江汉考古》2003年第3期。

黄灵庚：《清华战国竹简〈楚居〉笺疏》，《中华文史论丛》2012年第1期。

季旭昇主编，王瑜桢、黄泽钧、李雅萍、金宇祥合撰：《〈清华大学藏战国竹简（壹）〉读本》，艺文印书馆，2013年。

赵炳清：《楚国疆域变迁之研究——以地缘政治为研究视角》，复旦大学2013年博士论文。

刘刚、吴龙宪、蒋梦婷：《宋赋"章华台"所指综合田野调查报告（上）》，《湖北文理学院学报》2016年第4期。

刘刚、吴龙宪、蒋梦婷：《宋赋"章华台"所指综合田野调查报告（下）》，《湖北文理学院学报》2016年第6期。

蒋琼杰：《新蔡简、上博简、清华简地名资料集释》，吉林大学2017年硕士论文。

出版说明

历经数千年风雨沧桑的中华文化，绵延至今，生生不息，滋养着中华文明的持续发展，也成为当今世界重要的精神资源。

中国国家主席习近平在纪念孔子诞辰2565周年国际学术研讨会暨国际儒学联合会第五届会员大会开幕会上的重要讲话中鲜明指出，中华文明不仅对中国发展产生了深刻影响，而且对人类文明进步做出了重大贡献；强调要认识今天的中国、今天的中国人，就要深入了解中国的文化血脉，准确把握滋养中国人的文化土壤。

当前，我们正逢急剧变化的时代和文明格局，更为迫切需要读懂中华文化的博大精深，建立全面认知自身历史的版图；我们也需要对传统文化进行创造性转化、创新性发展，重新挖掘其被遮蔽和误读的内在价值；我们还需要在不同文化交流和多样文明对话的场域中，有能力充分展现中华文化的精髓和智慧。

由国际儒学联合会发起和支持、活字文化策划组织的这套"中华文化新读"丛书，因此应运而生。

丛书以对中华文化的前沿研究为立足点，汇集各领域当代重要学者的原创成果，以新视野、新维度、新方法阐释传统文化，以鲜活的语言深入浅出地解读我们的历史和思想，大家写小书，国故出新知。是为宗旨。

二〇二一年九月